美しい老い方

曹洞宗徳雄山建功寺住職
枡野俊明

廣済堂出版

まえがき

この世に生を受けて、人生という時間を過ごしていく。その長き時間の中で、人は誰しも老いていきます。

七十歳になって、二十歳のときと同じ体力を持つ人はいません。八十歳になって、三十歳の頃と同じ頭の回転を維持する人も誰一人としていないでしょう。

年を重ねるということは、すなわちさまざまな機能が衰えるということ。それはけっしてあらがえないことです。

二〇二〇年の統計によれば、日本人の平均寿命は女性が八七・六歳。男性は八一・五歳とされ、日本はまさに長寿の国の代表格になりました。

つい半世紀ほど前までは、六十歳の還暦には家族や親戚が集まってお祝いをしたものです。

還暦とは、十二支《じゅうにし》と十干《じっかん》を組み合わせた干支《えと》が六十年で一巡し、自分の生まれた年に還るという意味で、長寿のお祝いをするものでした。

そして七十歳の古希《こき》は、その歳まで生きる人はとても珍しかったことから、そう呼ばれるようになりました。

しかしながら、今では昔のような意味合いで祝う人は、少ないのではないでしょうか。

六十歳を迎えたからといって、隠居生活を決め込む人はほとんど見かけません。会社の定年も延長され、現役の時代はどんどん長くなってきました。

「老人」という言葉を意識するのは、おそらくは七十の声を聞く頃だと思います。

「余生《よせい》」という言葉は働き盛りを終えた後の時間、という意味合いで使われますが、人生の後半を「余りの人生」などと考えるのはあまりにももったいないと思いませんか。

せっかく長き時間を与えられているのですから、最期のときまで充実した時間を過ごしたい。若い頃と同じようにはできなくとも、今できることを一生懸命にやり尽くしたい――。そんな気持ちが、人生の充実感につながるのだと思います。

老いは誰にもやってきます。

それは波が岸に寄せるように、平等に私たちに訪れます。

しかし、老い方はみんな同じではありません。

はつらつとした七十代を過ごす人もいれば、それこそ余生だと諦めながら過ごす人もいるでしょう。

いかに老いていくのか。どのような晩年を生きるのか。それを決めるのは自分自身なのです。

日本の曹洞宗の開祖、道元禅師は「前後際断《ぜんごさいだん》」という言葉を残しています。それは「生」と「死」についての考え方を示したものです。

たとえば薪《たきぎ》が燃えると、やがては灰になります。

ここで私たちはつい「薪が燃えた延長線上に、灰がある」と考えます。

これを「薪」を「生」ととらえ、「灰」を「死」と考えてみれば、生きることの先に死があるという解釈です。

しかし、道元禅師はそのようには考えません。

「薪」と「灰」はまったく別の存在で、それぞれ独立していると。

つまり「生」の先に「死」があるのではなく、「生」と「死」はまったく別の世界として切り離されているということです。

私たちはけっして死に向かって歩いているのではありません。

生きている限り、今というこの時間と世界がすべてなのです。

たとえ老いて身体が不自由になったとしても、生きている限り「生きる」ということに心を尽くすこと。死をいたずらに恐れることなく、また老いを嘆くことなく、この一瞬を一生懸命に生きていくこと。その心が大事なのです。

本書は『美しい老い方』という書名ですが、普通に考えれば、老いというのは美しいものではないと思う人もいるでしょう。

けっしてそんなことはありません。年を重ねることでしか得られない貴重な時間もたくさんあります。

誰のもとにも必ず訪れる老い。同じ老いるのであれば、老いに逆らうよりも、いかにして美しく老いていくか、そこに心を寄せることが大事なのではないでしょうか。

美しく老いるために大切なことは何か。また、輝く晩年を過ごすために心にとめておきたい考え方とはどんなことか。本書が少しでもそのヒントになればと思います。

合　掌

令和五年六月吉日

建功寺方丈にて　枡野俊明

美しい老い方——目次

第二章　老いてわかる、人と関わる幸せ

第三章　健やかに過ごすための知恵

第四章　幸せな老い方、美しい生き方

第一章

老いてこその楽しみ

所作に現れる美しさ

年を重ね、お年寄りと呼ばれる人の中に、美しさや気品を感じさせる人がいます。それはけっしてお化粧のせいでも、高価なブランド品のせいでもありません。気取った風情でもないのに、どこか人を惹きつけるたたずまいの人。そんな人のそばにいると、周りの人の心も穏やかになってくるものです。

そのような人が醸《かも》し出す美しさとは、一言でいえば所作《しょさ》の美しさです。「立ち居振る舞い」という言い方がありますが、その人の仕草すべてに美しさが宿っているのです。その美しい所作の一つひとつが、周りの人たちを惹きつけるのです。そのような美しい所作を身につけている人は、どこにいても美しいものです。

仏教の教えに「三業《さんごう》を整える」というものがあります。

三つの業を整えるとは、どういうことでしょうか。

一つ目は「身業《しんごう》を整える」。これは、身体を整えることです。

まずは姿勢を正しましょう。すっと背筋を伸ばし、顔を上げ、まっすぐ前を見て立ちます。猫背になってうつむきながら歩いたりしないこと。

座っているときも、背筋をしっかり伸ばして座る。疲れているときは、だらだらと楽に座りたい、と言う人もいますが、実は正しい姿勢で座っているほうが身体は休まるものです。

楽だからといって悪い姿勢でいると、結局は身体に負担がかかり、疲れも取れにくくなります。

自分の身体に気持ちを配りながら、動きと姿勢を整えていく。これが「身業を整える」ということです。

二つ目は「口業《くごう》を整える」。これは美しい言葉づかいを心がけることです。

私たちは気持ちがイライラすると、どうしても言葉づかいが荒っぽくなってしまいます。こちらが刺々《とげとげ》しい言葉を使うことで、相手の心もまた刺々しいものになっていきます。

そんなところに温かな人間関係が生まれるはずはありません。

どんな言葉づかいをしても、心さえこもっていればいい。厳しい言葉を投げかけても、心に優しさが宿っていればいい。そう考える人もいるかもしれません。

しかし、たとえ相手の心にやさしさがあるとわかっていても、厳しい言葉を投げつけられれば受け手の心は苦しくなるものです。

言葉が持つ役割は、人間関係のみならず、言葉を発する自分にとってもとても重要です。

言葉という道具を大事にすること。それが「口業を整える」ことです。

姿勢を正しく整え、穏やかな言葉づかいをする。この「身業」と「口業」を整えることで、はじめて心が整います。

そして三つ目は「意業《いごう》を整える」。

意業とは、すなわち「心の持ちよう」のことです。

美しい仲間とともに生きる

少し前に「心を整える」という言い方が流行しましたが、多くの人が心を整えたいと願っているのでしょう。

そのためにも、まずは、姿勢と言葉を整えることです。

人というのは、どうしても表に見えるものに心が引っ張られてしまうものなのですが、気品を感じる美しさとは、背筋が伸びた立ち居振る舞いと、穏やかで美しい言葉にあるように思います。人というのは同じような人同士が集いますから、そういう人は笑顔あふれる仲間に囲まれることでしょう。

所作を整えることで、美しさだけではなく、ともに笑顔になれる仲間も得られるということです。

身だしなみに気を配る

年を重ねてくると、仕事などしていない限り、出かけなければならないところも減り、家にいる時間が増えてくるものです。すると、どうしても洋服に気を使わなくなります。

朝起きて、とくに出かける用事がないとなれば、適当な洋服で過ごそうとしてしまうもの。楽な格好であれば、どんな洋服でもかまわない、という気持ちが芽生えてしまうこともあるでしょう。どうせ誰にも会わないのだからと、パジャマのままで一日を過ごす人もいるかもしれません。

そんな習慣が身についてしまうと、やがてはスーパーマーケットに買い物に行くときにも、多少服が汚れていたり裾がほつれていたりしても、わざわざ着替えるのは面倒くさい、誰かに会っても知らんふりをしていればいい、などと気持ちが楽なほうへと流れていってしまいます。

年を取るにつれて増えてくるのは、「面倒くさい」という気持ちです。

いちいち服を着替えたり、汚れやほつれに気を配ったりするのが面倒くさい。料理を作るのも面倒くさいし、掃除をするのも面倒くさい。布団の上げ下ろしも面倒になり、お風呂に入ることも面倒くさくなってしまうのです。

身体が重くなったり動きにくくなったりしてくると、動作も遅くなります。若い頃はほんの数分で着替えられたものが、今ではそれなりに時間がかかる、という人も多いことでしょう。時間がかかるから、面倒になっていくわけです。

もしも面倒くさいという気持ちが湧いてきたのであれば、まずはその気持ちに気づくことが大事なのです。

たとえば半年前までは、ちょっと外に出るときも服を着替えていた。それなのに最近はそれが面倒に感じるようになってきた……。

この自分の気持ちの変化にいち早く気づいてください。

そして、気づいたら、すぐにその面倒な気持ちを追い出してしまうことです。面倒くさいという気持ちに流されてはいけないということです。

また、面倒だと思うもうひとつの原因は、緊張感が薄れていっていることでしょう。

たとえば、朝起きて、今日誰かと会う約束があるとすれば、朝からほどよい緊張感を持つことができます。それは心の刺激となって行動にも変化が生まれるはずです。

この緊張感と刺激が、生活の張りとなっているのです。

生活の中に、この緊張感と刺激はありますか？

それらが失われていくと、いろんなことが「どうでもいいや」という生活になってしまうのです。

年を重ねるほどに、身だしなみに気を配る

まずは、身だしなみに気を配ることが大事です。

私たち禅僧は、夜寝るときは必ず枕元に着替えを準備し、目が覚めたらまずは作務《さむ》衣《え》にさっと着替える。それで新しい一日がはじまります。

みなさんも、翌日に着る洋服を枕元に用意してみてはいかがでしょうか。

起きたら、まずはその服に着替えるのです。それが習慣となれば、一日をパジャマ

で過ごそうなどとは思わなくなるでしょう。

洗濯したての服に袖を通す。それが一日のはじまりの合図になるのです。

特別な洋服に着替える必要などなく、清潔感のある服装を心がけるだけでいいのです。

年を取れば取るほどに、身だしなみには気を配りたいものです。

若い人であれば、たとえ袖のほつれたジャージを着ていても溌剌《はつらつ》とした身のこなしから、キラキラ輝いて見えるかもしれませんが、年を重ねてくると、そういうわけにはいきません。身なりに無頓着になることは、美しさから遠ざかることにつながるのです。

生活に少しだけ「不便」を作る

世の中はとても便利になりました。洗濯ひとつとっても、洗濯板でごしごしと手洗いしなくても、洗濯機に汚れ物を放り込むだけで、きれいに洗ってくれます。それだけでなく、ふわふわに乾燥までしてくれるのです。

最近の人は洗濯板を知らないでしょうが、私も雲水《うんすい》（禅宗の修行僧）の時代、四と九のつく日には洗濯板で洗濯をしていました。ですからその大変さがよくわかります。

掃除にしても、今やロボット掃除機が勝手に部屋を掃除してくれますし、どこかへ行くにしても、一歩外に出れば電車やバスが走っています。上下に移動するときはエスカレーターが運んでくれます。

そんな利便性にすっかり慣らされてしまった私たちは、もはやそれが当たり前となり、不便さや非効率なことは受け入れられないという状態になってしまいました。

便利さは悪いことではありません。効率を求めることもけっして悪いことばかりではありません。

大切なのは、便利で効率的な生活によって得られた時間を、どのように使うのか、ということです。

掃除をロボットに任せて、空いた時間に何をしていますか？

便利さと引き換えに、大切な何かを失っているような気がしてなりません。

私たち禅僧の生活は、いってみれば不便さにあふれています。

たとえば、畑を持っている修行道場では、日々の食事を作るたびに、雲水が畑に野菜を採りに行きます。夕食にニンジンを三本使うのであれば、三本のニンジンだけを引き抜いてくる。

使う分だけの野菜を調達し、その都度調理場に運ぶのです。たくさんの食材をストックしておくということはしません。

どうしてそんな手間のかかることをするのかというと、修行道場の雲水にとっては日常生活すべてが修行だということも理由のひとつですが、私はただそれだけではないと考えています。

毎朝、朝食の支度をするために畑に野菜を採りに行きますが、その道のりは、一日たりとも同じ日はありません。

雨が降る日もあれば気持ちいい晴天の日もあります。風が強い朝もあれば、汗が噴き出るような暑い日もあることでしょう。

毎朝違う空気を胸に吸い込み、風と気温を素肌に感じ、季節の移り変わりを全身で受け止める。そんな時間こそが、今日も生かされているという実感に包んでくれるのだと思います。

不便さの中に生きる喜びがある

便利というのはとてもありがたいことです。しかしながら、便利さに埋もれてしまうと、いつしか生きている実感が薄れていくように思います。

日々の空気や天気、気温、風、日差しなど、私たちを取り巻くすべてのことを、いったいどれだけ味わい生活をしていますか? 洗濯や掃除を機械に任せている間、みなさんの感性や感覚は、どこに向かっていますか?

真冬の日、一週間に一度でいいですから、部屋の中の拭き掃除をすることを私はすすめています。

冷たい水をバケツに汲《く》み、そこに雑巾を入れて手で絞る。水の冷たさに思わず全身がぶるっと震えるでしょう。どうしてわざわざ雑巾がけなど……と思うかもしれませんが、騙されたと思って一度試してみてください。

雑巾がけが終わった後には、えもいわれぬ爽快感に包まれると思います。その心地よさは、便利な生活からは絶対に得られない清々しさでしょう。

このような感覚こそが、本来人間が持っているものです。

便利さばかりを求めていると、人間が本来持っている感性や感覚は鈍化していくように思います。

暮らしの中に、少し不便を作る。その不便さを楽しめるようになれば、きっと生きる喜びを実感できるのではないかと思います。

シンプルに暮らすための「老前整理」

「生前整理」という言葉がすっかり世の中に認知されるようになりました。年を取って自分が旅立つ前に、身の回りをきれいにしておきたい。そんな思いからはじめるのでしょう。

しかし、身体の衰えを感じはじめてから「さあ、生前整理をしよう」と思っても、満足がいく整理はなかなかできないものです。

あふれる物の中から必要な物と不必要な物に仕分けする。不要な物を選んだら、今度はそれらを処分する算段をしなくてはなりません。今やゴミを出すにもお金がかかる時代です。単純にいらない物は捨てればいい、では済まないのです。

つまり、高齢になって身体が動かなくなる前、つまりは老年になる前にこそ整理をはじめなければいけない、ということです。そういう意味では「生前整理」ではなく「老前整理」なのです。

では、どのように整理をはじめたらいいでしょうか。

たとえば、社会人になってはじめてのお給料で買ったバッグなど、思い出深くて処分できない物もあるでしょう。けれども、そんな思い入れのあるバッグも、一年のうちに何度、手に取ることがあるでしょうか。

数年に一度、思い出すことがあっても、バッグそのものをわざわざクローゼットから取り出すことは、なかなかないのではないでしょうか。

つまり、実際に大切なのは、物そのものではなく、心の中にあるバッグなのです。

大切に残すべきは物ではなく、心の中にしまっている記憶なのです。

物を処分することは、すなわち思い出を忘れ去ることではないのです。

それでも、「どうしても捨てることができない」という人もいるでしょう。

一度に無理に捨てる必要はありませんが、**まずは、自分の周りにある物のうち、一〇％ほど捨ててみてはいかがでしょうか。**

十個のバッグがクローゼットに眠っているなら、まずその一〇％、つまり一個だけを捨ててみる。これは意外とできるものです。

十個もあるうちの、たった一個が減っただけだと思うかもしれませんが、その最初の一個を捨てることがとても大事なのです。

一つを捨てることで、整理をするという習慣が芽生えるからです。

やがて二個三個と処分していくうちに、清々しい気分になってくることに気がつきます。

どうしても捨てられないという人は、ともかく一〇％の処分を目ざしてみてはいかがでしょうか。

昔と今では生活が変わっていることを自覚する

年を重ねることで、自ずと生活は変化していきます。それはすなわち、生活に必要な物も変化しているということです。

若い頃に親しんだ洋服や趣味の道具などは、好みや趣味そのものも変わっているのですから、不要になって当然です。

私たちは、「いつか使うときが来るかもしれない」と、どうしても思いがちです。

しかし、その「いつか」を待つことで、物があふれてしまったのだと考えてみましょう。

今の自分の生活に必要な物は何か。昔は必要だったけれど、もう必要がなくなった物は何か。一度それらを紙に書いてみることをおすすめします。

1・絶対に必要な物
2・できればあったほうがいい物
3・もう必要がなくなった物

1に書いた物だけを残して、2と3に書かれた物は思い切って処分する……。このような老前整理をすることで、身も心も軽い老後を迎えられるのだと思います。

お気に入りに囲まれて暮らす

サービス付き高齢者向け住宅を「サ高住《こうじゅう》」と呼ぶそうです。

そこは、自分の力で生活ができるお年寄りが暮らすバリアフリーの場所で、敷地内にいろんなサービスがあります。楽しく身体を動かす運動を指導してくれたり、医療の相談ができたりもするのです。

このサ高住で仕事をしているスタッフから、こんな話を聞いたことがあります。

入居を検討するために部屋を見に来られた際、ほとんどのお年寄りはこう言うそうです。

「いろんな物を持ってきたいけど、この部屋には入りそうにないわ。こんな狭い部屋でほんとうに大丈夫かしら」と。

サ高住のお部屋は、基本的にはとてもシンプルに作られています。ベッドと簡単な調理ができる小さなキッチン。そして小さなテーブルとイスが一組とユニットバスとトイレ。そして少しの洋服がしまえるようなクローゼット。

いろんなサ高住がありますが、だいたいこのような作りだそうです。

多くのお年寄りは、今住んでいる家を引き払って、そこに入居してくるのですが、この狭いお部屋を見て心配になるわけです。中には大きな家に住んでいた人もいますから、心配になるのも当たり前かもしれません。

ところがこの小さな部屋で暮らしはじめて三か月もすると、ほとんどのお年寄りはこう言うそうです。

「入る前は、こんな狭い部屋で暮らせるのかと思っていたけれど、案外快適に暮らせるものね。ここで暮らしてみると、今までいかに無駄な物に囲まれて暮らしていたかがよくわかるわ。本当に必要な物なんて少しでいいのね」と。

サ高住に入ることがなくとも、これまで住んでいた家を見直すのは大事なことです。身体の動きが追いつかないような広い家なら、今の自分に合うサイズのお部屋を探してみてはどうでしょう。

「庭を手放すのはいやだ」という人もいますが、日々の手入れができなくなっていくこともあり得ますし、たとえマンションに引っ越したとしても、ベランダで十分に花や野菜を育てることができます。

今の自分に合った生活のサイズを知ることが大事なのです。

合わないサイズに自分のほうから合わせようとすれば、やがては生活そのものに疲れてしまいます。今の自分にはどんな暮らしが合っているのか。それを見つけることが大事なのだと思います。

大切なものに囲まれる

そしてさらにつけ加えると、簡素な暮らしを心がけることです。

簡素な暮らしとは、いっさいの無駄を省いて暮らしていくこと。

実はこの簡素な暮らしこそが美しいと、禅の世界では考えられています。

「簡素」と似た言葉に「質素」という言葉がありますが、この二つはまったく違います。

たとえば、毎日使う湯呑み茶碗を買うとき、どのようにして選んでいますか。

スーパーなどに行くと、五個で千円という値段がついていたりします。とてもお買い得な気分になるかもしれません。湯呑みは割れたりしますから、いくつあっても困らない……というように考えるのは、質素な生活です。

一方で、毎日使う物であるからこそ、たとえ一個一万円の高価なものだとしても、自分にとって大切な一個を買い求め、大切に長く使っていこう……そう考えるのは、簡素な生活です。

安価な茶碗を買えば、自ずと扱いも雑になってきます。割れてもかまわないという気持ちで扱ってしまうからです。

そういう意味では、自分が心から気に入って大切に使うことができれば、値段は安価でも高価でもかまわないのです。

暮らしのサイズを見直し、簡素な生活を心がけていくことで、今の自分に合った、自分らしい新しい生活を見つけられるのだと思います。

季節の移り変わりを楽しむ

海外から日本に移住してきた人たちは、日本の春夏秋冬の美しさに驚くそうですが、日本ほど季節によって風景が変化する国はないといわれています。

そんな美しい国に暮らしているのですから、四季を楽しまない手はありません。

古くから日本人は、一年を二十四節気七十二候に区切り、それぞれの節目に名前をつけてきました。

春のはじまりは「立春」、雪解けがはじまる頃を「雨水」、虫が動き出す頃を「啓《けい》蟄《ちつ》」、そして「春分」を迎えると万物が動き出す「清明《せいめい》」、雨が降り注ぐ「穀雨《こくう》」というように、春だけでもこんなに豊かな表現がなされています。

そんな繊細な自然の移ろいを身体で感じてみてください。

世の中がどんな状況になっていようが、私たちの心がどのようになっていようが、自然は淡々とその営みを続けています。

その姿にこそ真理が宿っているのです。

毎朝目が覚めたとき、まずは雨戸やカーテン、窓を開けてみてください。

春には春の風があなたの頬をなでてくれます。梅雨には何となく湿った風を、冬が近づくと吹きつける冷たい風を感じるはずです。

そういう季節の変化を、朝いちばんの風で感じてみてください。

大自然の営みを前にすると、人はとても心が穏やかになるものです。

物事がうまくいかなかったり、不安を感じたりしたときこそ、自然の中に身を置いてみることをおすすめします。

海へ行き、打ち寄せる波を眺めているだけで、不思議と心が落ち着いてきますし、山を歩き木々にそよぐ風を胸いっぱいに吸い込むだけで、心がリセットされることでしょう。

家の中に花のある暮らし

そして、自然を感じるもうひとつのおすすめは、家の中に花を飾ることです。

季節の花を部屋の中に飾るだけで、一気に心が和らぎます。

生け花の心得がなくても問題ありません。花を飾る人の心持ちが大事なのですから。

わざわざ花屋さんに足を運ばなくても、道端に咲いている花でも十分です。散歩の途中でかわいい花を見かけたら、一輪摘み取って、お気に入りの一輪挿しに挿して飾ってみてください。

たった一輪の花が、季節の移り変わりをそっと教えてくれます。そして潤いのある生活へ導いてくれるでしょう。

諦めることを知り、新しい自分と出会う

人には「年相応」の美しさがあります。若い頃は若いなりに、年を重ねたら重ねたなりの美しさがあります。

ところが、年を取ることに目いっぱい抵抗しようとする人もいます。女性であれば、いつまでも若々しくありたい、そう願うのは当然でしょう。

しかし、そんな気持ちがあまりに強くなりすぎると、それはかえって美しさから遠ざかっていくのではないでしょうか。

若さを保つために努力をするのは悪いことではありません。しかし、今の自分を受け入れずに、見た目の若さにこだわって執着するのであれば、それは傍目からは滑稽《こっけい》に見えるものです。

年相応の美しさとは、まず今の自分を受け入れることからはじまるように思います。

年を取るにしたがって、どうしてもできなくなってくることはいろいろあるでしょう。身体は筋力が衰えますし、精神的にも集中力が続かなくなってくるものです。若い頃には簡単にできたことが、うまくできなくなってきます。

ですから、諦めなければならないことも、あれこれ出てくると思います。

しかし、それは当たり前のことなのです。何かを諦めるのは、けっして悪いことではありません。

「諦める」ことは、すなわち「明らかに見極める」ことです。

今の自分自身の姿をしっかりと見極めること。

年を取ってできなくなったことに抵抗するのではなく、これはもうやめておこう、ここまではまだできるからやってみよう、というように見極めることです。

このように、自分自身を認めることで、「新しくできること」が見えてくるのです。

できなくなったことにしがみついていると、いつまでもその場所に立ち止まったままですが、認めることで次なるステージへ進むことができる、ということです。

人生にはさまざまなステージがあります。そのステージを一歩一歩上がっていくこ

と。それが人生の道のりです。

ずっと同じステージにたたずみ、過去の自分に執着するのではなく、人生の先を目指すことが、大事なのではないでしょうか。

ありのままの自分を受け入れる

ある著名なフリーアナウンサーの女性が、五十歳を過ぎて白髪姿でテレビに出演していました。

彼女の髪の毛はほとんど真っ白です。その姿を見て衝撃を受けた女性もたくさんいたと思います。

しかし私は、その女性の姿をテレビで拝見したとき、とても美しいと感じました。

きっと彼女は、自らをしっかりと見極めたのだと思います。

「これが今の私です」と、ありのままの自分を受け入れたのでしょう。

そんな彼女の姿を見て、白髪を染めるのをやめたという知り合いがいます。

その人は五十代半ばから十年間も白髪染めをしていたそうですが、堂々とテレビに映るそのフリーアナウンサーを見て、自分もあらがうのをやめたのです。

その女性が私にこう言いました。
「自分らしくいたいと思ったら、白髪が美しいということに気づいたのです」と。
きっと彼女の心は、次のステージに上がったのでしょう。

シンプルに生きる秘訣

若い頃はさまざまな欲望に執着し、それらを満たすことで幸せを感じることもあったでしょう。仕事や恋愛など、人はさまざまな欲望を抱えているものです。

それらの欲望は努力につながりますから、けっして否定するものではありません。しかし、いつまでも多くの欲望を持ち続けているとすれば、それは自分自身を追い詰めることになります。

年を取れば、欲望を満たす力が失われてくるからです。

欲望を満たす力が失われたとき、解決法は二つあります。

一つは、満たされない欲望と格闘し続けること。これはまさに執着です。負けると知りながらも、自らの欲望と闘うということです。

そしてもう一つの解決法は、自らの欲望を減らすことです。つまりは、欲望という荷物を降ろしてしまえばいいということです。

一つの寓話《ぐうわ》を紹介します。ある村に、二人の牛飼いがいました。どちらも牛を育てることで生計を立てていました。

一人の牛飼いは、九十九頭の牛を飼っています。たくさんの牛がいるので、周りからは羨ましがられるほど裕福な暮らしをしていました。しかし、本人はそれで満足していませんでした。

「もう一頭増やして百頭にしたい！」

それが彼の目標で、百頭になれば満足するだろうと考えていました。

もう一人の牛飼いは、三頭の牛しか飼っていませんでした。九十九頭の牛を飼っている者と比べれば、ずいぶん質素な生活をしていました。それでもその夫婦は、三頭もいれば十分だといって、幸福に暮らしていたのです。

ある日、九十九頭を飼っている牛飼いが、三頭しか飼っていない牛飼いの家を訪れ、こう言いました。

「私は九十九頭の牛を飼っているが、餌代などもかさんで生活が厳しい。あと一頭増えたら何とかなるんだが。頼むからお前のところの牛を一頭、譲ってくれないか」と。

もちろん生活が厳しいなどというのは嘘で、自分の飼っている牛を百頭にしたいだけでした。

頼まれた牛飼いは、夫婦で相談しました。

三頭のうちの一頭を譲るのは厳しいけれど、友人が困っているのだから何とか助けなくてはいけない。牛が二頭になっても、夫婦二人でやりくりすれば何とか暮らしていけるだろう――。そう考えて、一頭の牛を譲ってあげたのです。「友人を助けることができてよかった」。その夜、夫婦はともに小さな幸せをかみしめました。

自分の欲望を満たした牛飼いは、百頭の牛を眺めながら満足感に浸っていました。ところがその満足感は三日と続きませんでした。

彼は百頭の牛を眺めながら、心の中でこう考えていたのです。

「自分の牛はとうとう百頭になった。次は何とか百五頭まで増やしたい」

その日から彼は、牛を百五頭にすることばかりを考え、もっと裕福になりたい、今のままではまだまだ物足りない、と考えたのです。

心の中こそシンプルに

この寓話の、たとえば九十九頭の牛を飼っている牛飼いを、夢や希望に向かって人生を拡大していく若い人の姿とするなら、三頭の牛を飼っている牛飼いは、年を重ねていった人の姿ともいえるでしょう。

年を重ねていくごとに少しずつ縮小し、三頭の牛で満足と幸福を得る生き方に変えていくことは、心の中にある欲望の整理といえます。

若いときのように人生を拡大、膨張させるのではなく、シンプルに縮小させていくことです。

シンプルにしていくことは、物だけではなく、心にも必要なのです。

「きょういく」と「きょうよう」で人生が彩る

女性の場合、思春期（十～十八歳）、性成熟期（十八～四十五歳）、更年期（四十五～五十五歳）と続き、五十五歳以降を老年期と呼ぶそうです。

人生百年時代といわれていますが、そう考えると、人生の中では老年期がいちばん長い時期といえます。

そんな老年期をどう過ごすか――。これは人生において、とても大きなことのように思います。

昔に比べて、体力や視力、聴力が落ちてきたり、毎日快活に過ごす気力が保てなかったりもするかもしれません。しかしながら、人生でいちばん長い老年期を「できないこと」ばかり見て嘆いたり、「どうやって時間を潰そうか」と思いながら一日を終えていくのは、とてももったいないように思うのです。

年を取ったら「きょういく」と「きょうよう」が必要だといわれます。

「きょういく」というのは「教育」ではなく「今日行くところ」のこと。

「きょうよう」というのは「教養」のことではなく「今日の用事」のことです。

今日行く場所と、今日やらなくてはいけない用事を作ることが、老年期の暮らしに彩りを与えます。

今日行くところを、自分で作ってみてはどうでしょう。

「出かけるのは病院に行くときだけ」という人もいるかもしれませんが、そんな消極的なことをいわず、毎日散歩に行くことを日課にしてもいいのではないでしょうか。

そして、どうせなら一人で散歩をするのではなく、散歩仲間を積極的に作るといっそう楽しくなります。

散歩を習慣にすることは、意外と難しいものです。ちょっと寒い日や雨の日などは、今日はやめておこう、とつい考えてしまうこともあるでしょう。

それでも、仲間がいればそれだけで励みになるものです。

お互いに励まし合ったり、歩きながらお話ししたりしているうちに、いつの間にか、一緒に生きる友という絆が生まれてくることもあります。

楽しくできることを見つける

人間というのは、基本的には怠け者です。

縛られたり強制されたりするのは誰しもいやなことで、できることなら自由気ままに過ごしたいと思うのが人間でしょう。

目的を持たなければ、人間はだらだらと過ごすようにできているのです。

老年期に持つ目的は、いかに楽しくできることを見つけられるか、ということに尽きると思っています。

それは先に挙げた「散歩」でもいいでしょうし、「近所のお掃除」や「スクワット五十回」「好きな楽器を演奏する」でもいいでしょう。

今日行くところ、今日の用事を楽しめる生活には、きっとよき友との出会いもあるでしょう。さらには達成感や満足感が生まれるのです。

「最終学歴」を作る

新しいことをはじめたり、何かにチャレンジしたりするのに、年齢は関係ありません。「もう年だから、今さらはじめても……」と躊躇《ちゅうちょ》する人がいますが、そういう人は、本気で取り組みたいものにまだ出合っていないのでしょう。

またもし、物ごとへの興味や好奇心が薄れているのだとしたら、要注意です。**新しいことへの興味や好奇心、社会に対する関心が薄れることこそが、本当の意味での老化だと私は思っています。**

「現役を卒業したら、あなたの最終学歴を作ってください」と、私はよくいっています。

私がいう「最終学歴」というのは、どこそこ大学卒業というものではありません。**人生の最終段階で、何を学んだかということです。**

今日の喜びにヒントがある

今、あなたが興味や関心があることは何でしょう？

草花に親しむ人もいるでしょうし、楽器の演奏をはじめる人、コーラスやダンスに興味を持つ人もいるでしょう。小説を書いてみようと思う人もいれば、俳句や短歌を学ぶ人もいます。

受験や資格取得など、必要に迫られてする勉強ではなく、自分自身が本当に学びたいと思うものを学ぶこと。それこそが本当の学びだと思います。

もし六十歳から俳句を学びはじめたならば、その人の最終学歴は「俳句学」ということになります。絵画をはじめた人は「芸術学」、ゲートボールの楽しさに出合った人なら「体育学部ゲートボール科」とでもいいましょうか。

このように、自分が興味のあることをどんどん追究して、本当の意味で人生の最終学歴を作ってみるのは面白いことです。

もし途中で自分には合わないなと思ったり、ほかに興味があることが出たりすれば、誰に気兼ねすることなく「中退」して、新たな学びに移ってもいいのです。

ひとつのことにこだわる必要はありませんし、最後までやり遂げようなどと気負って考えなくてもかまいません。

「自分の最終学歴は何にしよう」

そう考えるだけで、ワクワクしてきませんか？

何も思いつかない、という人もいるかもしれませんが、そういう人は今日、楽しかったことを思い返してみましょう。

今日楽しかったことを、明日もやってみる。あさってても試してみる……というように続けてみることで、あなただけの「最終学歴」が生まれるかもしれません。

気持ちよく過ごすための習慣を身につける

私たち禅僧は、修行として毎朝のお勤めをしています。

私の場合は朝四時半には起床して、それから境内の門や各お堂、建物の雨戸を開けて回ります。そして諸仏にお茶をお供えした後に坐禅を組み、その後に朝のお勤めを行います。

この習慣は、特別な用事やよほどの疲れがない限り、ほとんど変わることはありません。

さらに私は住職以外に、「禅の庭」のデザインや講演、本の執筆などの仕事も多くありますので、準備に追われているときには夜の遅い時間にやっと床につきます。

前日に深夜まで仕事をしていたとしても、私が起床する時間はいつも同じです。あと十分眠っていたいと思うこともありますが、それでも常に同じ時間に床を離れるように心がけています。これは長年身につけてきた習慣ですから、身体が自然と起きてしまうのです。

そんな規則正しい生活が身についているおかげで、ほとんど病気はしません。

いい習慣は心身を整えますから、誰しもいい習慣を身につけたいと思っていると思います。

一方で、悪い習慣ほど簡単に身につくものです。そしてそれは、自分のみならず、周りの人にも伝染していきます。悪い習慣を持っている人の近くにいれば、自分もいつの間にかその習慣に染まってしまいますので、悪習には近寄らないことです。

いい習慣を身につけることで、心身の健康が保たれ、さらには健康寿命も延ばせるかもしれない……とわかっていても、なかなか身につかないものです。

早寝早起きの習慣などは、それほど努力しなくても大丈夫だと思えますが、実はそれほど簡単なことではありません。

実際に、みなさんが日常的に実践しているいい習慣を思い浮かべてください。たとえば朝と夜の歯磨きや、食事の際の「いただきます」「ごちそうさま」という当たり前に行っている挨拶の習慣は、ずっと昔、子どもの頃に身につけたものではありませんか。

　頭で何も考えなくても、身体が勝手に動いてくれる。そのような習慣にするためには、それなりに時間が必要なのです。

思ったときが吉日

　六十歳を過ぎたら、足腰が衰えないよう毎朝散歩をする習慣を身につけよう。七十歳になってゆっくり時間が取れるようになったら、ボケないように図書館に通う習慣を身につけよう……などなど「○歳になったらはじめよう」と、いろいろ思いを巡らす人は多いものです。

　ところが、いざその年になると、実践できる人は意外と少ないのではないでしょうか。

いつかはじめたいと思っている習慣があるのなら、ぜひ今から実践してはどうでしょう。

　私の知り合いに、六十歳を過ぎて、毎朝の散歩を習慣にしている人がいます。その人は、想像するに十年も二十年も前から散歩をはじめていたように思えます。四十歳の頃には週に二度だったかもしれません。五十代では週に半分だったのかもしれません。しかし、小さな実践を積み重ねた結果、六十歳になって毎日の散歩習慣が身についたのだと思うのです。

よい習慣は、心身を健康に保ってくれます。ただし、一朝一夕に身につくものではないことを心得ておきましょう。思い立ったら吉日です。

新しい出会いを得て、人生を深める

ここ数年、いわゆるリモート・ワークが普及してきました。家で仕事ができるのですから、通勤ラッシュに揉まれることもなく、いいことずくめにも思えます。しかし、思わぬ落とし穴もあるようです。

私の知り合いの女性編集者がこんな話をしてくれました。

「家で仕事をするようになると、鏡を見る回数が圧倒的に少なくなるんです。自宅にいるのでお化粧もしませんし、いつも楽なジャージ姿です。だから久しぶりに鏡を見たとき、緊張感がない自分自身の姿に驚愕したんですよ」

同じような経験をした人も多いのではないでしょうか。

毎日、鏡も見ず、お化粧もせず、ジャージ姿で緊張感もなく過ごすうち、そんな自分に自信が持てなくなってしまう……。

このような負の連鎖がはじまると、外に出かけるのも誰かと会うのも、どうしても消極的になってしまうかもしれません。

私たちは、人と会うことで、大きな刺激を受けています。

たしかにリモートでも会話をすることはできるでしょう。しかし、パソコンを通じての会話は、どうしてもお互いの表情や感情は伝わりにくいもの。これに加えてマスクをしていればなおさらのことです。

コミュニケーションの基本は、お互いに顔を突き合わせることではないでしょうか。「顔を突き合わせる場面」を積極的に作っていくことです。

かつては当たり前のようにあったそんな機会も、リタイアするとたちまち少なくなっていきます。

自分が意識して外に出かけなくては、誰かと会って話をする機会は減っていく一方です。

ですから、新しい出会いにはどんどん貪欲になってください。

新しい世界は新しい人生のはじまり

たとえば、若い頃にやっていたスポーツや趣味を通じて、新しい出会いを得る人も多いかもしれません。

私の学生時代の同級生は、定年退職したのを機に、学生の頃に親しんでいたテニスを再開したそうです。

近所のテニスサークルに入り、最初は週に一度、コートに通っていたそうですが、今では特別な用事がない限り、毎日のように通っているそうです。

そのうち、テニス仲間の一人が趣味で陶芸をやっていると聞き、一緒に挑戦してみるようになりました。

その友人は手先が器用なほうではなかったのですが、仲間が丁寧に教えてくれ、すっかり陶芸にはまり、楽しくなってきたそうです。

友人は、テニスをはじめたことがきっかけとなり、陶芸もはじめるようになりました。それぞれの分野で仲間ができ、これまで知らなかった世界を覗くことができたのです。

ある程度の年になったら、趣味を持ったほうがいいといわれますが、それはこれまで慣れ親しんできた世界から、違う世界へと、世界が一気に広がるからです。

新しい世界には、これまで出会ったことのなかった面白い友人がいることでしょう。そんな出会いこそが、あなたが今まで経験したことのない喜びや学び、刺激などの彩りを与えてくれるのです。

新しい出会いで得られることは、想像以上に人生を豊かにしてくれるものです。

貯金はあっても不安、なくても不安

「老後を暮らしていくためには、二千万円の貯金が必要」などという情報が当たり前のように流されています。

誰にも必ずやってくる老後ですから、みんなが興味があることとして、お金の専門家なる人が声高にそう言っているのでしょうけれど、そのせいで不安をかき立てられている人も多いのではないでしょうか。

貯金は大事ですが、あまり数字にとらわれないほうがいいと私は思います。

「二千万」という数字は、おそらく平均的な家庭を想定して導き出したものでしょうけれど、平均的な家庭、平均的な支出とは、いったいどのようなものでしょう。

生き方や暮らし方は十人十色です。一か月の生活費が五十万円必要な人もいれば、十万円で十分な人もいます。

要するに、平均的な家庭など、架空のものでしかありません。

また「有料老人ホームに入居するには、三千万円が必要だ」などとも聞きますが、いったいどれくらいの人が有料老人ホームに入るのでしょう。

老人になったら、みんなが老人ホームに入らなければいけない、ということならば仕方ありませんが、全員が有料老人ホームに入るわけではありません。

お金に余裕があり、身の回りのことに煩《わずら》わされたくない人は、老人ホームに入りたいと思うでしょうし、自分の家で自分の力で自由に過ごしたいと思っている人もいるでしょう。

大切なのは、自分がどんな暮らしをしたいのか、自分にとって何が幸福なのかを考えることです。

聞こえてくる大量の情報に流されてはいけないと思います。

幸せに生きるための情報は、自分の心の中にしか存在しないのですから。

やりたいことができるのは今

必ずしも、たくさんの貯金を持つことが幸せだとは限りません。

お金を多く持つ人は、少なく持つ人より、お金が出ていくことに対して敏感なように感じます。

持てば持つほど、所有欲が出てくるので、どうしてもお金にとらわれてしまうのでしょう。今のままで十分なはずが、もっとたくさん増やしたいと考えてしまうのです。

すると、十分な貯金があるにもかかわらず、「もっとなければ不安だ」といつまでたっても不安は尽きなくなります。

たとえば、自分の楽しみを我慢して貯金に励み、老後に備えたとしても、その老後が、自分が思い描いた「安心の老後」となるかどうか、その保証はどこにもありません。

また、たくさんの貯金ができたときには、身体のあちこちが痛くて、やりたいこともできない、という状況だって考えられます。

自分の幸せはどこにあるのか、どういう暮らしに幸せを感じるのか。

それを考えたとき、行きたいところに行ける健康な身体のときにしかできない体験や幸せがたくさんあることを忘れてはいけないように思うのです。

先にある老後の不安ばかり見るのではなく、今の幸せを見落としてはいけないように思います。

二度とない今日を楽しむために

「一期一会」という禅語があります。有名な言葉ですから、ご存知の人も多いでしょう。この「一期」というのは、人間の一生のことです。そして「一会」とはたった一度きりの出会いということ。

どんなによく会う人であっても、同じ状態、同じ場所、同じ時間に会うことはできません。

その瞬間は、一生に一度きりの大切な出会いである、ということです。

この世は一時たりとも留まってはいません。今というこの瞬間も、すぐさま過去の時間となっていきます。そして、過ぎ去った時間は二度と戻ってはきません。そうであるからこそ、たった一度の出会いや、今というこの瞬間を大切にしなさい、という教えなのです。

この世のものは、すべて常に移ろいでいます。

今日と同じ日は一日たりともない。そんな気持ちを持って日々を過ごすことが大事なのです。

しかしながら、年を重ねるにしたがって、行動範囲も狭くなりますから、一見毎日が変わり映えしない、同じような日の繰り返しだと感じる人もいるでしょう。

その淡々とした日常を楽しむ人もいます。反対に、昨日と同じように何ごとも起こらない日々に、物足りなさを感じる人もいます。

日々を退屈に感じながら生きている人は、不満足の中で生きているようなものです。

この差は、どこから生まれてくるのでしょうか。

淡々とした日々の暮らしを楽しんでいる人たちは、その日常の中にある「一期一会」に目を向けられる人です。

庭に蒔《ま》いた種から、ほんの少しだけ芽が出てきた。買い物に行くいつもの道沿いに、ツバメが巣を作っていた。そういえば、昨日よりも少しだけ風が冷たくなってきた……。ほんとうに小さな日々の変化を、昨日とは違う出来事として、身体と心で新鮮に感じ取っているのです。

逆にいえば、日々の暮らしを退屈に感じるのは、日常の穏やかな変化に気づかず、大きな変化にしか目を向けられないからでしょう。

好奇心は幸せをもたらす種

長く生きているということは、それだけ多くのことを経験してきたということです。多くの経験を積むことによって、失われていくものが、好奇心です。

小さな好奇心を持てると、淡々とした日々さえも愛おしく思えてくるものです。

日常生活の中でどれだけ小さな出来事に好奇心を持てるかどうか。これは、幸せを考える意味でもとても大事なことだと思います。

日常生活は淡々とした日々の連続で、特別な出来事などないかもしれませんが、そんな日常生活の中にこそ、穏やかな幸せがあるものです。

今日という日は、誰にも平等にやってきます。

二度と同じ日などない貴重な一日を楽しく生きるか、それともつまらないと文句をいいながら過ごしていくか。それは自分次第で決まります。

「毎日がつまらない」と思う人は、昨日とは違う今日の変化を探してみてはどうでしょうか。

あなたの宝物は何ですか

装飾品が大好きな女性がいました。美しい指輪やネックレスなどを見ると胸がときめくそうで、若い頃からお給料を貯めては購入してきました。

家の中に増えていく装飾品を眺めながら、何ともいえない満足感を得ていたといいます。

そうして年月が過ぎて、六十歳を過ぎた頃、その女性は気づきました。新しい物を買っても、昔のように胸が高鳴ることがなくなったのです。買ってきたその日こそ家で眺めてワクワクしていたのですが、一週間もすればその喜びはどこかに行ってしまいます。

そんなとき、たまたま、友人と宝物の話になったそうです。

「あなたにとっての宝物って何？」

そう聞かれた女性は、即座に思い浮かべることができませんでした。

家の中にはそれなりに高価な装飾品がたくさんあります。しかし、それらを「宝物」だと胸を張っていえなかったのです。

はたして自分にとっての宝物って何なのだろう。家路に着きながら女性は考えました。自宅に帰ると、さっそくクローゼットを開けて、装飾品の数々を取り出し眺めてみます。どれも自分がほしくて手に入れた物ばかりです。でもその中に宝物は見つかりませんでした。

ふとクローゼットの奥に目をやると、錆《さ》びた缶が見えました。何だろうと思って引っ張り出して開けてみると、おもちゃの指輪やネックレスがたくさん入っていました。

それらは小学生のときにお小遣いを貯めて買った物や、誕生日に両親にねだって買ってもらった物でした。おもちゃですから、値段は安い物ばかりです。きっと数百円の物でしょう。

それを見た瞬間、女性は小学生のときの気持ちが蘇《よみがえ》ってきたといいます。ほしくてほしくて仕方がなかったおもちゃの指輪。それを買ってもらったときの嬉しさは、六十歳を過ぎても鮮明に蘇ってきます。

いつしか女性は、おもちゃの指輪を眺めながら、不思議と涙があふれてきました。

その涙は何なのでしょう。それは、かつての自分と出会えた感動の涙ではないでしょうか。

ほかに代えがたいものを見つける

幼かった頃の自分と出会う。昔抱いていたときめきやワクワクした感動と再会する。甘酸っぱい思い出や感情が一気に蘇る瞬間があるものです。

そんな自分に出会えたときの感動、それこそが宝物といえるのです。

そのきっかけは物だけではありません、映画や場所、音楽などさまざまあるでしょう。お金を出しても買うことができず、また代わりがきかないそんな思い出こそが、宝物といえるのではないでしょうか。

そしてそれは、自分自身にほかなりません。

あなたにとっての宝物とは何ですか。

その答えを探すことが、今の自分自身と向き合うことにつながっていくと思います。

第二章

老いてわかる、人と関わる幸せ

老いと闘わない

「閑古錐《かんこすい》」という禅の言葉があります。「古錐」というのは、使い古された錐《きり》のことで、木材などに穴を開けたりする道具です。

新しい錐は刃先が尖っていますから、穴を開けるのはとても容易です。しかし長年使っていると、刃先が丸くなり、なかなか穴を開けることはできません。新しい錐と同じようには使えなくなってきます。

しかし、使い古された錐のほうを好む人もいます。

新しい錐は鋭く、使い勝手はいいのですが、それは危険もともないます。ちょっと扱いを間違えれば怪我をしてしまうでしょう。

ところが一方で、使い古された錐は穴を開けるにも時間がかかってしまいますが、怪我はしにくくなります。安心して使うことができます。

その安心感こそが、円熟ということ。

そしてその円熟味こそが、尊いことであると禅では考えるのです。

「閑古錐」の「閑」が意味するところは、「安らぎ」で、心が安らいだ状態を示しています。

円熟味のあるところにこそ、安らぎが宿っている、ということです。

禅の世界では、長年にわたって修行を積み、年を重ねてきた禅僧を「老古錐」と呼ぶことがあります。穏やかで円熟した老僧侶の姿に、敬意を払っているのです。

同じお経を唱え、同じ文言を口にしても、若い禅僧と老齢の禅僧とでは、おそらくまるで違ったお経のように聞こえてくるでしょう。この差こそが円熟味です。

老齢の禅僧は、お経を口ではなく心で唱えているからです。心から唱えるには、それ相応の時間が必要であり、これが「閑古錐」のなせる業《わざ》なのです。

年齢に応じた役割がある

たとえば、地域社会でのコミュニティは、同世代の人ばかりが集まっているよりも、違う世代の人たちが集うほうが視野は広がり、活発なコミュニティになります。

若い人にとっては、親や先生に相談できないようなことも相談できたりするでしょう。

小さい頃、家族や先生以外に相談できる大人の存在に、心が救われた経験がある人もいるのではないでしょうか。

年を取っても、年を取ったなりの役割がある、ということです。

同じように、若い人には若い人の役割があり、年齢とともに、役割は変わっていきます。

いいかえると、年を重ねたら、これまでと同じではいけないということです。

たとえば若いとき、リーダー役を務めていた人が、年を取ってからもリーダー役をやろうとすれば、そこには必ず抵抗や無理が出てきます。

当人は若いときと同じようにやれていると思っていても、周りの人は困惑するだけかもしれません。

若い人たちと競い合っても仕方がありません。「自分が自分が」と我を通そうとする姿は、見苦しいものに映りかねないのです。

老いたら若さと闘わず、熟練した業や安心感など、年を重ねたからこそ得られるものを出すことが、何よりも大事なのです。

人間関係を整理する

自分をとりまく人間関係を眺めてみると、多岐にわたっていることがわかります。子どもの頃は近所に住む幼なじみからはじまり、学生時代の友人、就職すれば上司や同僚、部下など職場の人間関係、結婚すれば結婚相手の家族や友人もプラスされますし、子どもができればママ友も増えてきます。

生きていくにしたがって、いやでも人間関係は膨らんでいくものです。

同時に、「つき合わなくてはいけない人」もどんどん増えていくことでしょう。

学生の頃であれば、無理をして合わない人とつき合う必要はありませんが、社会に出ればそうはいきません。上司が嫌いでも無視をするわけにはいきませんし、歓迎しない人間関係も生まれてくるものです。

人生を楽しくするか否かは、人間関係にかかっているといえますが、いいかえれば、私たちが抱えている悩みのほとんどは、人間関係にまつわること、ともいえます。

そう考えると、気が進まない人間関係から解放されたら、心はどれほど軽くなるでしょうか。

しかし、自分が心地よいと思える人とだけつき合っていきたいと思っても、現実的には無理なことです。

つき合いたいと思う人とだけ関わっていきたい。それはとてもわがままなことではありますが、そのわがままは、老年になれば許されていくのです。

年を取っていくにしたがって、自分が生きる世界は自然と縮小されていきます。

仕事をやめれば、職場という世界はなくなります。幼なじみたちもいつの間にかいなくなっていきます。学生時代の友人たちも、自然と音沙汰がなくなっているのではないでしょうか。

「ママ友」はたくさんいても「ババ友」は少ない人も多いでしょう。

年を取るということは、いうなれば人間関係が縮小されていくことでもあるのです。

関係を続けるために執着しない

人間関係が少なくなっていくことを寂しいと感じる人もいるようです。年々、年賀状の数が少なくなっていくことや、電話帳から友人の名前が消されていくこと、遠い親戚とのつき合いが薄れていくことなどに、社会から取り残されたような気分になるのかもしれません。

その寂しさから逃れようと、これまでの人づき合いに執着する人がいますが、それが一方的なものだと、迷惑な関係になってしまいます。

老いるにしたがって、人間関係の整理をすることです。

ほんとうに心を分かち合える人とだけ、一緒の時間を過ごせばいいのです。

かといって、無理をしてつき合いをやめようとする必要もありません。

「もう、あなたとのつき合いはやめにしようと思う」などといえば、それこそ角が立ってしまいます。

「本年をもって年賀状をやめます」というメッセージを送ってくる人もいますが、別にそんな宣言をしなくても、どちらからともなく自然と消滅していくものです。

人と人の縁というのは不思議なもので、こちらが縁を持っていたいと思っていれば、その思いは相手の心に伝わるものです。

その思いを行動に移そうが移すまいが、不思議なことにその縁は続いていきます。反対に、続けたいと思っていない縁は、放っておけば消えていきます。その流れに沿っていれば、自然と人間関係は整理されていくのです。

手紙を書く

近年ではすっかりスマートフォンが普及し、七十代や八十代の高齢者まで日常的に使いこなすようになりました。とても便利な通信手段ですし、今やスマートフォンなくしてコミュニケーションを取るのは難しくなってきたほどです。

しかし、少し前までは、手紙を書くことが日常でした。

年を重ね、時間の流れが緩やかになってきたならば、手紙を書いてみてはいかがでしょうか。わざわざ手紙を書かなくても、電子メールを送るほうが簡単だし早い、といわれるかもしれません。それはその通りですが、手紙でしか伝わらないものがあると私は思っています。

「銀座にいい店を見つけたから、今度の連休に行きませんか」

友人にそんなメールを送ったとしましょう。これだけで用事は十分に伝わりますし、相手からの返事もすぐに返ってくるでしょう。時間の無駄が省けます。しょっちゅう会っている友人であればそれでもいいでしょうが、久しぶりに会う友人であれば、手紙を書いてみることをおすすめします。

手紙であれば、一言で済ませるような文章を書くことはしないでしょう。

「先日、久しぶりに銀座に出かけました。五年前に一緒に行きましたね。あのときとは随分とお店も変わりました。あなたのことを懐かしく思い出していたら、とても素敵な店を見つけました。今度の連休にでも、ご一緒しませんか」

こんな葉書が届けば、とても心が温まることでしょう。文字の中に彩りが生まれてくるようです。

用事以外の「無駄」な言葉の中に、二人の関係性が輝いて見えてくるのです。

書くことで脳の働きを促進する

手紙だけでなく、文章を書くことは何よりも頭の体操になると思います。

パソコンなどを使わず、自分の頭で書きたいことを考え、ペンを手に紙に書いていく。漢字を忘れているなら辞書を引けばいいではないですか。間違ったら書き直せばいいだけのことです。

この面倒な作業こそが、脳の働きを促進するのです。

僧侶は時に写経をしますが、このとき、墨をすり和紙を丁寧に伸ばし、筆を使って般若心経を写していきます。神経を集中させて筆を動かしていると、とても清々しい気分になってくるものです。

文字を書くという行為は、心を整えることにつながるのだと実感します。

老年期の医療に長年携わってきた医師が、こんなことをいっていました。

「人間は老いると、自然を身近に感じるようになり、感覚が研ぎ澄まされていくようなところがあると感じています」

年を取るごとに、若い頃には目に留まらなかった道端の花の美しさに目を奪われるようになるものです。耳を澄ませば、風の音が変わったことにも気づくでしょう。

自然の美しい姿を感じられるようになってきたなら、その喜びや感動を手紙に書いて、誰かに知らせてはいかがでしょうか。

「家の周りには春がやってきましたよ」

そんな美しい手紙をもらって、喜ばない人は一人もいないでしょう。

商店街の人たちも、大切なつながり

私の知り合いの高齢のお母さんが、いつものように商店街に買い物に出かけました。足が悪いので、よく転んだりするのを、娘さんはいつも心配していました。

「買い物になど行かなくても、必要なものは自分が仕事からの帰りに買ってくるのに」と娘さんはいいます。

しかし、お母さんは毎日のように買い物に出かけていきます。

このように、年を取った母親のことを心配して、家から出かけないようにという子どもがいます。たしかに家の中でじっとしていれば、身体も楽ですし、怪我などの心配もなくなります。

その一方で、買い物に出かけるのは、とても楽しい面もあるのだと思います。

一人暮らしのお年寄りですと、外に出かけなければ誰とも会話をしない、という日もあるでしょう。電話などでコミュニケーションは取れるという人もいるでしょうが、大事なことは、実際に会って話をすることなのです。

大した話などしなくても、お互いの目を見て挨拶をするだけでいいのです。「こんにちは。今日は暑いね」と八百屋のおじさんに声をかければ、「お母さん、気をつけてね。ちゃんとクーラーをかけるんだよ」という言葉が返ってきたりします。たったこれだけの会話で、心は満たされたりするものです。

冒頭で紹介した高齢のお母さんも、商店街に行くたびに挨拶をしていました。もう何十年になるでしょう。お店によっては代替わりして、かつての店主の娘さんがやっていたりと、親子二代にわたって日頃の挨拶を交わしてきたのです。

ただ挨拶をするだけの関係ですから、お互いの家庭の事情など知りませんし、名前すら知らない人もいます。とても薄いつき合いのように思えます。

その高齢のお母さんが、いつものように商店街で買い物をしていたときのことでした。ちょっとした段差につまずいて転んでしまったのです。

なんとか立ち上がろうとしたのですが、激痛が走って立つことができませんでした。

すると、その様子を見ていた商店街の人たちが、さっとお母さんのところに走ってきました。肉屋のご主人、八百屋のおじさん、薬局のお母さん、洋品店のおじいさんまでもが店を飛び出してきました。

「大丈夫ですか」と口々に言い、みんなでお母さんを抱きかかえました。

そんな光景を見ていた喫茶店のマスターが、すぐさま一一九番に電話をかけ、お母さんは大事に至らずにすみました。

娘さんは後日商店街に行き、助けてくれた人たちにお礼をいったそうです。

いってみれば、店の人とお客さんという関係ですが、そこには絆があったことを知りました。「こんにちは」というお母さんの笑顔が、商店街の人たちの心にはしっかりと残っていたのです。

挨拶することで孤立は遠ざかる

「挨拶」というのは、もともとは禅の言葉です。はじめて会った僧侶同士が、お互いの力量を計るために問答をかけ合う。相手の修行の深さをたしかめ合うための行為です。つまり、人と人とが関係を結び合う、一番はじめの言葉ということです。

人づき合いが上手な人と下手な人がいます。

上手な人を見ていると、とにかく気軽に挨拶を交わしています。知り合いに会うたびに挨拶を欠かしません。

一方、人づき合いが下手な人を見ていると、知り合いとすれ違っても、うつむいて黙って通り過ぎたり、また挨拶をしたとしても小さな声でぼそっというだけの人が多いように思えます。

たかが挨拶と思うでしょうが、その小さな挨拶こそが人間関係を築くうえでとても大切であると、知っておくといいでしょう。

日常生活で、よく会う人たちはたくさんいるはずです。

近所の人たち、商店街のお店の人たち、毎朝の散歩で会う人……。相手を詳しく知る必要はありませんし、特別に親しくなろうとしなくてもかまいません。しかし、せっかく毎日会う人なのですから、挨拶をしましょう。

一言の挨拶で、お互いの心はほぐれるものです。「袖振り合うも多生《たしょう》の縁」です。日頃の挨拶を心がけることで、孤立は遠ざかっていくものです。

近所づき合いを見直す

かつて「ご近所づき合い」はとても大事なことでした。お隣さんや町内会の人たちとのつき合いが、生活の中に深く入り込んでいた時代がありました。その町で心地よく暮らしていくためには、近所づき合いの深さが決め手となっていたのです。

一昔前まで、同じ地域に暮らす人たちというのは、同じような環境にあったような気がします。家族構成も同じようなもので、経済的にも似たり寄ったり。まして団地で暮らす人たちは、職場まで同じだったりしたものです。

そうなると、抱えている悩みや直面している問題などが似通ってきますから、たとえ表面的とはいえ、お互いにわかり合えていた関係ということになります。

ところが現代では、同じ町に住んでいたとしても、それぞれの環境はまったく違っています。六十歳を過ぎてもバリバリ仕事をしている人もいますし、悠々自適な暮らしを楽しんでいる人もいるでしょう。

そういう時代の「ご近所」というものを考えたとき、お隣同士だから仲よくならなければいけない、という発想は、もはや必要がなくなってきました。醤油《しょうゆ》を貸したり借りたりするような関係は、現代社会には馴染まなくなってきたのです。

お互いを見守る存在に

しかし、予期せぬ災害などが起これば、やはり助け合いが必要になってきます。日頃は深いつき合いはなくても、お互いに近所であることは知っている。それくらいの関係は保っておかなくてはならないと思います。

阪神・淡路大震災と、新潟県中越大震災が起きたとき、その両方にボランティアに行った人がこんな話をしていました。

「多くの人が避難生活を強いられました。神戸の中学校でも体育館や教室を開放して、避難する人たちを受け入れました。夜になると、不安で小さな子どもは泣きはじめます。その泣き声に対して、どこからともなく『うるさい！』という怒号が飛んできたそうです。一気に避難所はギスギスした雰囲気に包まれました。

一方の新潟での避難所は、とても穏やかでした。小さな子が泣き叫ぶと、お婆さんたちが寄ってきてあやしてくれたり、飲み物をくれたりします。みんなで頑張ろうという気持ちが自然と生まれていたようです」と。

この二つの避難所で起きたことは、何が原因だったのでしょうか。

避難所には同じ地域に住む人、いうなればご近所の人たちが避難をしてくるわけです。しかし、神戸のような都市部では、ご近所とはいえ、知っている顔などほとんどいないという状態でした。

お互いに知らない者同士ですから、顔も見たことのない子どもが泣けば、その声がうるさく聞こえるのは当たり前かもしれません。

一方の新潟の避難所では、みんなが近所の知り合いばかりでした。子どもが泣けば、「ああ、あそこの家の子どもだな」とすぐにわかります。親のこともよく知っていますから、何とかしてあげようと、自然に協力し合う温かな空気が流れていたのです。

ご近所だからといって、無理に仲よくなる必要はありませんが、ただ、お互いの存在はしっかりと見つめ合っていたい、ということです。

何かあれば助け合えるという関係を意識して築くことが大事なのだと思います。

まず「自分から」人にしてあげる

仏教に「利他の精神」というものがあります。「利他」、すなわち他人の利益のことをまずは考えなさい、という教えで、自分の利益を優先させるのではなく、相手の利益を優先して考え行動することをいいます。

若い頃には、どうしても自分の欲望を満たすことが最優先になりがちです。しかし、考え方を変えれば、欲望を満たそうとする力こそが、若さならではの生きていくエネルギーになるともいえるのでしょう。

しかし、年を重ねて心も成熟してくると、自分自身の欲望を満たすことより、大切な人の欲望を満たしてあげることのほうに幸せを感じるようになるものです。

たとえばお饅頭《まんじゅう》が一つあったとして、若い頃であれば家族に取られる前に自分が食べようとしたかもしれません。

しかし、年を重ねてくると、そばに子どもや孫、大切な人がいれば、迷うことなく譲るでしょう。

自分が食べたいものを、思うように食べられるのは、幸せなことです。しかし、それ以上に、美味しそうに食べる子どもや孫、大切な人の笑顔を見ているほうが、より大きな幸せを感じられるものです。

老いても自分のことだけしか考えられない人は、子どもや孫の羨ましそうな顔を見ながら、平気で饅頭を頬張っているようなものです。

「無《む》心《しん》無《む》作《さ》」という禅の考え方があります。自分が行う一つひとつの行為は、すべて無心でなくてはならない、その行為に策略や計算があってはいけない、というものです。

私たちは、誰かに何かをしてあげると、ついその見返りを求めたくなります。たとえそのつもりはなくても、心のどこかではそれを期待してしまうものです。

禅の世界では、見返りや称賛などを期待するのではなく、ただその人のことを考えて行動することに、人としての美しさ、清々しい生き方を見出したのです。

周りの人を笑顔にするために

西洋では「ギブ・アンド・テイク」の考え方が当たり前だとされています。こちらが何かをしてあげたら、その行為に見合うだけのものが返ってきて当然という考え方です。

これはたとえば、二万円のプレゼントをもらったとしたら、今度はこちらが二万円のプレゼントをお返しする、ということです。

プラスマイナスゼロという発想が、西洋の人間関係の基本にはあるのでしょう。

しかし日本には、「ギブ・アンド・テイク」ではなく、「おすそわけ」の文化が根づいています。

美味しそうな魚が手に入ったとき、お隣の人に三匹をおすそわけしたとします。数日後、魚をあげたお隣さんが芋をおすそわけだといって持ってきました。

こんなとき、「こちらは魚を三匹もあげたのに、お隣さんは芋しか持ってこない。何だか損をした気分だ」などと思う人はいないでしょう。少なくとも昔の日本社会にはそう思う人などいなかったと思います。

ここで大事なことは、何をあげたかではなく、おすそわけをするという気持ちなのです。

もらった相手が喜んでくれる顔を見るだけで、もうお返しは十分に済んでいるのです。「おすそわけ」は、物をあげるというより、心のやり取りではないでしょうか。

老いるにしたがい、心も成熟していくのですから、自分の周りの人を笑顔にするために何ができるか、それを考えてみてはどうでしょう。

人からしてもらうことばかり考えていると不満が渦巻くばかりですが、人を笑顔にすることを考えていると、笑顔に囲まれるのです。

「おもてなし」をしてみる

　私の知り合いに八十歳を超えた女性Ｓさんがいます。Ｓさんはご主人が旅立ってから二十年近く一人で暮らしています。ご高齢のうえに一人で生活しているのですから、さぞ大変だろうと思うのですが、Ｓさんはいつも楽しそうでイキイキしています。

「いつもお元気で楽しそうですね。その秘訣は何ですか」と私が尋ねると、Ｓさんはこんなことを教えてくれました。

「ときどき、お友だちを自宅にお招きするんです。特別なおもてなしなどはできませんが、お菓子とお茶くらいはお出しできます。楽しくお喋りをするだけですが、この時間があってこそ私は毎日楽しく過ごすことができるのだと思います」

　実はＳさんはどちらかというと人見知りで、人づき合いも苦手だと自分では思っていたそうです。特にご主人が亡くなってからは、家の中に閉じこもることが多かったそうです。

それがある日、昔の知り合いにばったり出会いました。その女性はかつてのママ友で、子どもが大きくなるにしたがって、親同士も会う機会がなくなっていったのです。

Ｓさんは、思い切って家に誘ってみました。

「懐かしいですね、もしお時間が許すのであれば、少し私の家でお茶でもしませんか」

と。

Ｓさんはこれまでご主人の知り合いをもてなすことはあっても、自分の友人を家に呼ぶことはありませんでした。ですから、どうしてこんな言葉が出たのか、本人も不思議だったそうです。

けれども、これをきっかけにして、ときどきＳさんは自宅に知り合いを招くようになったのです。

一人暮らしの自宅はけっして広いわけではありませんが、それでも二、三人ならば十分ゆったりと寛ぐことができます。

お茶とお菓子で友人と語り合う楽しい時間が、Ｓさんの習慣になっていきました。

友人を自宅に招くという習慣は、Ｓさんに面白い変化をもたらしました。

その一つが、これまで以上に身綺麗な服装を心がけるようになったことです。たとえば、それまでは靴下が少しほころびていたとしても、そこまで気を使うことはありませんでした。

しかし、もしかしたら急に誰かを家に招くことになるかもしれない、と考えると、きちんとした身なりを心がけるようになったそうです。

さらに、家の中が見違えるほどきれいになっていきました。今まで以上に掃除を丁寧にするようになり、お茶を出すテーブルはいつもきれいに整頓するようになったそうです。

おもてなしをして日常を楽しく

誰かを自宅に招くということは、日常に張りを与えてくれます。

いつもの食事を作るときにも、次のおもてなしに振る舞ってみようかしら、などと考えるでしょうし、お店で素敵なお菓子を見かけたら、自然と友人の顔を思い浮かべるようになるでしょう。

また日常のささいな気づきや感動も、次に会ったときに話そう、と思うだけで気持ちが高鳴るものです。

このように、おもてなしの習慣は、日常にわずかな緊張感をもたらします。これは生活そのものにも変化を与えますが、何より心が活力でみなぎることでしょう。

この活力こそが、Sさんがイキイキしているみなもとなのだと思います。

人を家に招くのはおっくうに思いがちですが、想像以上に驚くべき変化をもたらしてくれるものではないかと思います。

愚痴や文句をいいたくなったら

人間の心の中には三つの「毒」があると仏教ではいわれています。この三つの毒は、どんな聖人君子も持っているものだといいます。

三つの「毒」とは「貪《どん》・瞋《じん》・癡《ち》」です。

「貪」というのは「貪欲」の「貪」。つまりは貪《むさぼ》りの心です。人間というのは欲を貪りながら生きています。何か一つを手に入れても、それだけで満足することなく、さらなる欲望が湧きあがってくるのです。

その欲望は物欲ばかりでなく、ときには他人の心までをも手に入れようとします。

その貪りの心の行きつく先には、けっして満足感はありません。それどころか、不満は増していくばかり。欲望が大きくなればなるほどに、不満は増殖していくのです。

二つ目の「瞋」は、怒りの感情です。私たちはつい、ちょっとしたことで怒りを覚え、その感情を相手にぶつけたりします。怒りの感情が湧くことは仕方がありませんが、大切なのは、その怒りを自分の心に留めておけるかどうかです。

実は怒りというのは、延々と続くものではありません。時間が経つほどに薄れていくものですが、それを待てるかどうか。それができない人は、人間関係を悪くすることはいうまでもありません。

「怒りは、お茶碗でも投げて割ればスッキリする」などと昔からいわれていますが、これは正しくありません。本当に怒っているときは、物に当たれば当たるほど怒りは増していくもので、これは心理学でも証明されているのです。

怒りの感情をなくすことは不可能だからこそ、コントロールする力を身につけることが大事なのです。

そのいちばんの力とは、薄らいでいくことを時間に委ねられるかどうか、なのです。

三つ目の「癡」は「愚かさ」を表しています。常識を知らず、道徳心に欠け、教養が身についていない状態です。

人間はみんな、愚かな部分を持ち合わせているものです。たとえば、やってはいけないと頭ではわかっていても、何だかんだと理屈をつけてやってしまう。そしてやってしまった後で、自責の念にとらわれてしまう……そんな経験は誰にでもあると思います。

本当に人間とは愚かな存在だと思います。いかに人類が進化しようが、長い歴史の中から学ぶべき数々の素晴らしい教えがあろうが、同じ失敗を繰り返しながら生きているのです。

「齢《よわい》」という知恵のベールで包む

どんなに長い人生を生きてきたとしても、この三毒が完全に消えることはないでしょう。

「好々《こうこう》爺《や》」という言葉がありますが、誰もが年老いて穏やかになるものではありません。そうではあるけれども、**少なくとも年を重ねたら、この「三毒」とのつき合い方を覚えなくてはならないと思います。**

自分の中にある「三毒」に気づいたら、そっと「齢」という経験から生まれる知恵のベールで包み込んでください。時間の流れに毒を浮かべてみてください。

そんな心がけをすることで、愚痴や文句は減ってきます。

なぜなら、愚痴や文句というのは「三毒」の表面に浮かんでいることが多いからです。

心地よい人間関係を育てるために大切なこと

年を重ねるにしたがって、友人に求めるものは変わってきますし、つき合いの質も変わってくるでしょう。

若い頃と違って、心が躍るような楽しさや、意見や感情をむき出しにするような濃い人間関係はなくなっていきます。

そこに寂しさを感じる人もいるかもしれませんが、逆にいえば人間関係の執着心から解放されていく、という考え方もできます。

年を取ってからできた新しい人間関係もあると思いますが、無理をしてその関係を深めようとしないことです。

それまで別々の人生を歩んできた者同士なのですから、考え方や価値観が違っていて当然です。互いにわかり合うということは、実はなかなか難しいものなのです。

そうであるならば、適当な距離を保ち表面的なつき合いをする関係で十分ではないでしょうか。

　これはけっして寂しいことではありません。年齢とともに変化する新しいかたちの人間関係ではないかと私は思います。

ゆっくり時間をかけて育む

　近すぎず遠すぎずの人間関係を築くために大事なことがあります。

　それは相手を受け入れる、ということです。

　相手と自分の意見が違うことは、よくあることです。それにもかかわらず、自分の意見に納得してもらうために、一生懸命になる人がいますが、その必要はありません。「もっと自分をわかってほしい」という思いから、そういう行動に出てしまうのかもしれませんが、それ以上に相手の思いを尊重することが、とても大切です。

　相手の意見を受け入れるということは、相手のこれまでの人生を肯定する、ということでもあります。

　お互い長い時間を生きてきた者同士です、自分の生き方を尊重してもらいたいなら、相手の生き方も尊重し受け入れるということが大事なのです。

そしてもうひとつ、色眼鏡で相手を見ないということです。人間には好き嫌いがあり、まったくないという人などいないでしょう。

好きというのは相手を肯定している感情ですから、そこに理由は必要ありません。しかし、嫌いという感情は、たとえば性格が嫌いだとか、言動が鼻につくだとか、理由はさまざまありますが、その多くは、思い込みや誰かの噂である場合が多いのです。

たとえば、あまりつき合いのないCさんと会ったとき、Cさんを知っているAさんが、「あの人は自分勝手な人なのよ。私は何となく苦手だわ」といっていたのを思い出したとしましょう。

すると、それがAさんの感想であるにもかかわらず、自分もそう思い込んで、そういう色眼鏡でCさんを見てしまう、ということがあります。

せっかく知り合いになったのに、とてももったいないことです。

心地よい人間関係を育むために大切なのは、自分の意見を押しつけず、色眼鏡で相手を見ないことです。

これは年齢にかかわらず大切なことではありますが、高齢になるほどに、焦らず、ゆっくり時間をかけて行うことです。

お互いに生きてきた人生の重みの分、ゆっくりゆっくり時間をかけて歩みより、少しずつ関係を調整していけばいいのです。

人間関係において、そういう「技」を持てるようになるのが、老いるということです。

人に頼る

年を取ってくると、これまで簡単にできたことができなくなってきます。身体のあちこちに不具合が出たり、動きが鈍くなったりします。物忘れも多くなり、新しいことに対応するのが面倒になってもきます。

もし、本当に身体の自由がきかなくなったり、考える力や判断する能力が衰えてきたなら、老化を受け入れざるを得ないでしょうが、それまでは、「まだまだ自分でできる」、「なんとか自分の力で解決しよう」などと、ついがんばってしまうものです。

運動会の徒競走などで、派手に転んでいるお父さんやお母さんの姿を目にしたことがあるでしょう。まだ若いから「自分は走れる」というイメージが残っており、それを信じきって走るのですが、実際の身体がそれについていけずに転倒してしまう、というわけです。

「こうでありたい」というイメージを持っていればいるほど、できない自分を受け入れるのは、なかなか難しいことです。

また、身体の衰えだけでなく、近年の急速な技術開発が高齢者を襲っています。特に通信機器などの発達スピードはすさまじく、半年も経てばもう新しいものが次から次へと登場します。新しい機能やシステムにどんどん更新され、老人にはもう何が何だかわからなくなってしまいます。

社会のスピードについていけない、というのは老人の共通の悩みかもしれません。

感謝の思いを深めていく

できないこと、わからないことは、素直に人に頼ってみてはどうでしょうか。

自分の力で何とかしようと頑張ることも大事ですが、それができなかった場合、「もう仕方ない」と諦めてしまわず、人に頼るという選択肢を持ってみるのです。

「人に迷惑をかけてはいけない」と考える人もいますが、感謝の気持ちを持って頼られたら、嬉しいと思うものです。

頼るほうも、人にお願いすることで、人への感謝や大切さがいっそう身に染みることでしょう。

感謝の思いを深めていくことは、人としての深みを増すことにもつながります。

「できない」「わからない」ということを、悲観的にとらえる向きもありますが、実は「頼る」という行為によって、感謝が生まれていくことでもあるのです。

重たい物が持てなければ、力のある人に持ってもらう。通信機器の使い方がわからなければ、若い人や知っている人に聞いてみる。身体が思うように動かなければ、近くの人の手を借りる。できないことがあれば、できそうな人を探してみるのです。

頼るほうも、頼られたほうも、お互いに温かな思いやりと感謝に触れるきっかけとなることでしょう。

してもらったことに対して感謝の言葉をいうだけで、老年期の暮らしは豊かになるものです。

身近なことでいうと、たとえば宅配便を届けてくれた業者さんに対しても、「ありがとう」の一言を添えてはどうでしょう。仕事なのだから当たり前だと思う人もいるかもしれませんが、自分ができないことをしてくださっている人なのですから。

断る勇気を持つ

なかなか断ることができない人がいます。たとえば、友人から食事や趣味の誘いなどがあったとき、気乗りしない、興味がないにもかかわらず、きちんと断れなかったために参加することになってしまった……という経験をしたことがある人も多いでしょう。

断れない人の多くは、嫌われることを恐れているからだと思います。誘いを断ってしまったら、相手は不快な気分になるだろう。もう二度と誘ってもらえないかもしれない。自分だけが仲間外れにされてしまうかもしれない。そんな不安感を持ってしまうのでしょう。

相手を不快な気分にさせたくないなら、言い方を工夫すればいいだけのこと。「嘘も方便」という言葉がある通り、「その日は用事があって」などといえば角は立たないでしょうし、笑顔で穏やかに「今回はちょっと遠慮しておくわ」といえば、相手はだいたい承諾してくれるでしょう。

もしも、しつこく理由を聞かれたら「ヒミツ」といって、にっこりほほ笑めばいいのです。これを三回やってみてください。きっともう誘われることはなくなるでしょう。そうなれば、余計なつき合いが一つなくなるということです。

また、二度と誘ってもらえないかもしれない、という不安から断れないのでしたら、それは遅かれ早かれ、離れる関係だと思ったほうがいいでしょう。**自分の気持ちを我慢してまで相手の顔色をうかがうような関係は、自分にとって必要な関係ではない、と見極めることも大切です。**

心も身体も、無理がきかない年だということを、自覚しましょう。

無理がきかないからこそ、穏やかに過ごすためにどうするか、自分を大切にする生活とは何か、考えてみるということです。

断わることで、友人がいなくなったら寂しい、と思うかもしれませんが、寂しさは自らの生き方で埋められるものです。それより、いやな友人関係を続けることで、心身が不健康になることのほうが、よほど問題のように思います。

「あなた」が必要とされているところへ

さてもう一つ、誘いを断れない人は、「いい人」と思われたいという心理が働いているのではないでしょうか。

この「いい人」には二通りあります。

一つは文字通り素晴らしい人という意味です。性格がよく信頼できる人を指していう言葉ですが、もう一つの「いい人」は「都合のいい人」です。

たとえば「一人キャンセルが出たので、その代わりに」とか「参加者は多いほうがいいから」とか「一人で行くよりはましだから」など、相手にとって都合がいい誘いに参加する「都合がいい人」です。

そういう誘いの場合、あなたが出席することを伝えると「本当にあなたはいい人ね」など持ち上げられたりするでしょう。そうであっても、このように都合よくつき合わされるくらいであれば、嫌われるほうがいいと思います。

なぜなら、参加者が「あなた」である必要はないからです。

あなた自身が望まれているのではなく、あなたの「頭数」「お金」を必要としているに過ぎない、ということです。

心身ともに元気になれるような、笑顔あふれるつき合いは、とてもいいものです。

自分はどういう人と友人でいたいのか、どういう仲間といたいのか、それを明確にして、そうでない誘いは断る勇気を持つことが大事です。それが心身の健康につながると肝に銘じましょう。

一人旅をする

昔は女性の一人旅というと、周りからは奇異な目で見られることがありましたが、今では多くの女性が一人旅を楽しんでいます。

友人と出かける旅行もにぎやかで楽しいものですが、一人旅は思わぬ出会いやご縁をいただくこともありますから、また格別なものです。

一人旅は、自分が行きたいときに行きたい場所へふらりと出かけることができますし、旅先で何をするかも自分次第です。

友人との旅は、ある程度の予定が組まれるでしょうから、一人旅は何も計画せず、思いつきで巡るという人も多いようです。

一人で電車やバスに揺られていると、旅先へのときめきや、無事に着くかどうかという不安など、日常生活では味わえない感情があふれてきます。慣れない乗り物に乗ったり、見慣れない景色と出合うと、どんどん気持ちが高ぶることでしょう。

そのような新鮮な感覚を心ゆくまで味わえるのも、一人旅の醍醐味《だいごみ》です。

そしてもう一つ、一人旅の素晴らしさは、一人きりの時間を過ごせる、ということです。一人暮らしの人なら、「いつでも一人で過ごしている」と思うかもしれませんが、非日常の中で一人になるということが大事なのです。

美しい景色、美味しい食事、くすっと笑えるハプニング、ドキドキした瞬間などを、一人で経験し味わうことで、さまざまな思い出が想起されることでしょう。たとえば、幼い頃の出来事や両親のこと、昔仲がよかった友人や、過去のさまざまな出来事など……。

そしてまた、大切な人の顔がいろいろ思い浮かんだりするものです。「あの友人にもこの景色を見せてあげたい」「こんなに美味しいお料理、あの人にも食べさせてあげたかった」というように。

このように、一人旅は自分の心の底に眠っている大切な思い、大切な人に気づくことでもあるのです。

新しい自分、新しいご縁と出会う

一人旅では、新しい出会いが生まれたりもします。

それは、偶然隣に座った人や、何かのハプニングで出会った人、道中で挨拶を交わした人など、さまざまでしょう。

そこで出会った人は、きっとそれまでの自分の世界にはいなかった人も多いはずです。旅とは不思議なもので、非日常であるからこそ、いつもとは違う自分が現れるからです。ですから、非日常を楽しめば楽しむほどに、心が豊かになる出会いがあるのでしょう。

人のご縁というのは、会っている回数が多いほど深くなる、というものではありません。

たまたま旅先で出会った人から、多くの学びや気づきをいただくということがあるものです。一度の出会いが、生涯忘れられない出会いになることもあるのです。

人生というのは視野を大きく広げることで、世の中の見え方、とらえ方が変わり、

心が豊かになります。日常でもそれは可能ですが、一人旅ほど、自分に多くを気づかせてくれるものはないように思います。

健康のありがたさ、人の優しさ、土地の文化から学ぶさまざまな価値観、食事に対する感謝、自然への敬意、いただいたご縁のありがたさ、生かされていることの奇跡……次々と心の世界が広がるでしょう。

一人旅は友人と一緒に行く旅と比べて、気軽な反面、不便なこともあります。そんな不便を経験することで、身の回りの人への感謝も感じるように思います。

「もう年だから」と考えず、「何かが待っているかも」という気持ちで一人旅を経験してみてはいかがでしょう。まだまだ知らなかった自分との出会いがあるはずです。

同じ経験をした人とつながる

自分がこれまで生きてきた世界にはいないような人との出会いは、視野を一気に広げてくれます。新たな気づきによって、いっそう心が豊かになるでしょう。

一方で、自分と共通点が多い人、同じ経験を持つ人との出会いは、癒しをもたらしてくれるものです。

初対面の人と出会ったとき、相手が自分と同じ出身地だとわかったとたん、会話が弾み親しみが湧いてきた、という経験をしたことはありませんか？　少しかしこまって話していたのが、同じ出身地とわかって、急にお国ことばで話しはじめる、ということもあるでしょう。

禅の言葉に「同事《どうじ》」というものがあります。これは一言でいうならば、「一つになる」ということです。相手と自分の心が一つになること、同じ立場に身を置くこと、といってもいいと思います。

これまでの人生でも、「みんなで一つになろう」「心を一つにして頑張ろう」という言葉を聞いたり、声をかけ合ったりした経験はあると思います。共通の目標やゴールを目指して一つになる、ということですが、人というのはお互いの中に共通点を探して、一つになろうという心があるのです。

ですから、「同事」の心を持つことは、人間関係を深めてくれる大切な教えでもあるのです。

「傷口を舐め合う」という優しさ

私のお寺のお檀家さんで、小学生の息子さんを事故で亡くされた人がいました。悲しみにくれるご夫婦は、毎週日曜になるとご夫婦そろってお墓参りにいらっしゃいました。しかし、一か月が経っても、半年が経っても、奥様の涙が涸《か》れることはありませんでした。

お墓でお見かけするご夫婦の憔悴《しょうすい》しきった姿を見て、私も心が痛みましたが、遠くからご夫婦に向かって手を合わせることしかできませんでした。

あるとき、私の姿を見て、ご夫婦が駆け寄ってきて尋ねました。

「ご住職。息子を亡くした悲しみは、けっして薄れることはなく、時が経てば経つほど増していくようです。いったいどうすれば、この悲しみを癒すことができるのでしょうか。この悲しみが薄れる日はやってくるのでしょうか。どうか教えてください」

私には返す言葉が見つかりませんでした。

仏教の考え方や説法であれば、いくらでも話すことはできますが、「子どもを亡くす」という経験をしていない私には、悲しみに包まれたお二人の前では言葉が見つからなかったのです。私がいくら頭の中で想像してみても、ご夫婦の悲しみに完全に寄り添うことなど到底できません。

「世の中にはあなたがたご夫婦と同じ悲しみを経験した人がたくさんいると思います。そういう人たちとご縁を結んでみてはいかがでしょうか」

それから数か月後、お墓でご夫婦に会いましたが、少し悲しみの表情が薄れたように私は感じました。

話を聞くと、同じように事故で子どもを亡くした人たちの集まりに参加するようになったそうです。

同じ悲しみを経験した者同士が、その理不尽な出来事について吐き出す。同事の心を持った者同士が縁を結ぶことによって、悲しみは少しずつではありますが、解かれていったのだと思います。

「傷口を舐《な》め合う」といういい方があります。なんとなくマイナスのイメージで使われる言葉ですが、私はそう思いません。傷口を舐め合う相手を持つのも大事なことです。そういう人から生きていく力をもらうこともあるのですから。

若い人への興味と敬意を持つ

年功序列という言葉が身に沁《し》みついていると、若者と接するときについつい、こちらのほうが立場が上だ、と勘違いしてしまうことがあります。

年齢が上なのですから、若い人より当然、経験してきたことは多いでしょう。多少なりとも多くのことを知っていると思います。

だからといって、自分が偉いかどうか、立場が上かどうかは別の問題です。

人は誰しも、自分が生きてきた道のりを否定することはありません。多くの失敗を重ねてきたにもかかわらず、その失敗に目を向けることなく、自分がやってきたことを若者に押しつけようとする人がいます。

そういう人は、こう言います。

「まったく、最近の若者たちは」と。

実は、このような言葉は古代エジプトの壁画や、清少納言の『枕草子』にも似た記述が残っているほどです。ですから、いつの時代でも決まり文句として存在していたのでしょう。

しかし、時代は大きく変わりました。社会の進む速度は速まるばかりで、かつては「十年一昔」などといわれていましたが、今や「一年一昔」「半年一昔」といっても過言ではありません。

たかだか十年前と比べても、テクノロジーの進歩によって通信、医療、物流、そして価値観までもが劇的に変わりました。

この大きく目まぐるしい変化に対応できるのは、もはや若者しかいないように思うのです。

「遊び」ひとつ取っても、社会がもっとゆっくり動いていた時代は、祖父母・親・子どもという三代にわたって同じような遊びをすることができました。若い世代が年長者からコツを受け継ぐこともできましたが、今ではゲームにしても、子どものほうが上手なことが多いのではないでしょうか。

「教える」から「学ぶ」ことの大事

「もう今は、自分たちが生きてきた社会とは違う。自分たちはまったく別の星にやってきたのだ」

年を重ねれば重ねるほど、それくらいの感覚を持っていたほうがいいように思います。

ただ、これは現代社会が「自分に関係ない世界」ということではありません。

まったく知らない世界にやってきたのですから、生まれ変わった気持ちで、新しいことに興味を持ち、どんどん若い人たちから教えてもらえばいい、ということです。

「教える」のではなく、彼らから「学ぶ」に発想を変える、ということです。

私は今年の三月末まで二十五年にわたって大学で教鞭《きょうべん》をとっていましたが、実に多くの刺激を生徒たちからもらっていました。

学問を教えているのは私ですが、私は彼らから時代の空気を教わることが多くあったのです。

年を取ると、どうしても変化を拒むようになります。目まぐるしい変化についていけない。そんな自分を認めることがいやで、変化を拒みます。そして変わっていくのが悪いことのように思ってしまうのです。

若者に迎合する必要はありませんが、目の前で変わりつつある世界を眺めながら、興味のあるものを拾っていくことです。

そうやって、相手に敬意を払うことで、相手もこちらに敬意を払ってくれるのです。心の中に余裕と慈愛を持つことです。彼らに「最近の年寄りは」といわれないためにも。

第三章

健やかに過ごすための知恵

早起きして太陽を浴びる

修行僧である雲水は、ほぼ毎日、朝は四時に起床して修行に励みます。この習慣は中国の唐の時代にできあがったものです。

どうして早朝から修行するかというと、私たち人間は太陽のもとで活動する生き物であることを先人たちは知っていたからでしょう。

早起きして太陽の陽を浴びることは、健康にもとてもいいと、医学的に証明されています。

人間の脳にはセロトニンという物質があり、これは「幸せ物質」ともいわれています。このセロトニンが分泌されると、心地よい幸せな気分になるのです。

逆にセロトニンの分泌が極端に少なくなると、うつの症状が現われます。

そしてこの「幸せ物質」であるセロトニンは、太陽の陽を浴びることで作られるそうです。

空が晴れ渡って燦々《さんさん》と太陽の陽が降り注ぐ日は、心も自然と軽やかになるでしょう。少々体調がすぐれなくても、気分は爽快になるものです。

晴れている朝は、できるだけ外に出かけてみてはいかがでしょう。

十分か二十分くらいの散歩で十分ですから、家の近所をぶらぶらと歩いて、太陽の陽を全身に浴びてみましょう。

散歩が無理であれば、庭やベランダに出てみるだけでもいいのではないでしょうか。椅子を出して、お茶を飲んだりしてみると、太陽の陽とともに季節の風を感じることができると思います。

心身の健康は規則正しい就寝にあり

太陽の陽を浴びて脳内に生成されたセロトニンは、夜になると「メラトニン」というホルモンを作り出します。

このメラトニンという物質は別名「睡眠ホルモン」といわれています。

つまり、メラトニンが多く生成されることで、心地よい睡眠を取れるというわけです。

高齢になるにしたがって、不眠に悩む人が増える原因の一つは、このメラトニンが減っていくからです。

メラトニンは、若いときには多く生成されます。それに加えて外に出かける時間も長いですから、自然と太陽の陽を浴びる時間も多く、するとメラトニンが十分に生成され、夜もぐっすり眠れる、というわけです。

ですから、高齢者を悩ます不眠の一因は、メラトニンの不足と、太陽を浴びる時間が少ない、ということになります。

健康のために一生懸命にジムに通ったり、ヨガ教室などに行ったりする人もいます。それは健康にはいいことですが、そういう運動は室内で行われることが多いものです。それと合わせて、外で太陽を浴びることも心がけてみてください。

たとえ眠たくなくても、同じ時間に床に入り、同じ時間に起床する。そして太陽が昇ったら、さっと着替えて外に飛び出す。それだけで、基本的な健康と心の安定は保たれるように思います。

腹七分目を心がける

仏の道に入ってから数十年経ちますが、私の食事は基本的には野菜と魚が中心です。雲水修行中は、野菜とお米だけの食生活です。そして修行を終えてからは、それぞれの僧侶の判断に委ねられます。みんなと同じ食生活をする僧侶もいますし、いっさい肉・魚を食べないという僧侶もいます。

現代社会で、いっさい肉を口にしないのは難しいものです。私もおつき合いの席で肉が出てくれば、少しいただくこともあります。また夕食は家族と取りますので、家族と一緒に少しの肉を食べることもあります。しかし基本的には魚と野菜中心の食生活を続けてきました。

これは、僧侶の食生活にこだわっているというのではなく、この食生活が私の身体に合っていると思っているからです。

この食生活のおかげで、体調はいつも万全ですし、風邪もここ十数年ひいたことがありません。多少は風邪気味になることはありますが、寝込むほどには至らないのです。

あるとき、テレビ出演のためにメイクをしてもらったことがありました。私のメイクを担当してくれた女性が、「枡野先生の肌は本当にきれいですね。こんな透き通った肌は珍しいです」と驚いていました。また自分でいうのも何ですが、身体に余分なぜい肉はあまりついていません。

これらはすべて、食生活のおかげだと私は思っています。

健康診断の数値を気にする人は多いでしょう。コレステロール値が高いとか、血圧が一三〇を超えたとか、高齢になれば、身体に何かしら問題は出てくるものです。

病院に行けば大量の薬が処方され、毎日何種類もの薬を飲む生活が続きます。そんな薬漬けの生活になる前に、まずは食生活を見直してみるといいと思います。

六十歳を超えたら、できるだけ野菜と魚が中心の食事に切り替えてみてはどうでしょう。

ゆっくりと一年くらいかけて、食生活を変えてみるだけで、体調の変化が感じられると思います。

次に心がけておきたいことは、満腹になるまで食べない、ということです。「腹八分目」という言葉がありますが、六十歳を超えたら「腹七分目」くらいにすることをおすすめします。

私も常に腹七分目を心がけていますが、時に食べ過ぎてしまうこともあります。それは時間がなく急いで食べるときです。明らかに自分にとっては多いと思っても、急いで食べるとお腹に収まってしまうものなのです。

食生活をコントロールするのは、医者でも家族でもなく、自分自身だということを心がけましょう。

丁寧にいただくことは、丁寧に生きること

食べ過ぎを防ぐためにも、できるだけゆっくりと、時間をかけて食事をしてみてはいかがでしょう。

私は、一口ごとにお箸を置くように心がけています。口に運んだ食べ物を十分に咀嚼《そしゃく》して飲み込む。そして飲み込んだ後、またお箸を持ち、口に運びます。

ゆっくり食事をすることは、じっくり味わうということです。

いったいどれだけの人が、本来食材が持っている味わいに気づき、食事をしているでしょうか。同じ食材でも、旬とそうではない時期で味わいは違います。それを堪能している人は少ないのではないでしょうか。

食事は命をいただくことです。丁寧に食事をすることは、丁寧に生きることにつながると私は思っています。

医者の声より身体の声を聞く

私の同級生に医師がおりまして、年に何度か身体を診てもらっています。体調が悪いときはもちろんですが、単に昔話をしに行くだけのときもあるような友人です。その医師が、いつも私にいいます。

「ちょっと血圧が高めだな。薬を出そうか？」と。

すかさず私は「いや、薬はいらないよ。別にどこにも不調は感じていないから」と答えます。

医師にとっては、私は厄介な患者かもしれません。

私は規則正しい生活をしっかりと守っていますし、食事はもとより、生活全般に対して、おそらくは普通よりも病から遠い暮らしを送っているはずです。にもかかわらず血圧が少し高いというのは、おそらくは年齢的なもの、そして遺伝的なものだと思います。

となれば、必要以上に恐れても仕方がありません。塩分の摂取量に気をつけるくらいで、薬など飲まなくてもいいと自分では思っています。

私は年に一度は人間ドックを受けていますが、それで健康管理は十分で、あえていえば、自分の身体の声をよく聞くことが大事だと思います。

私は朝の習慣としてお経を唱えていますが、お経を唱えるときの第一声で、自分のその日の体調を計っています。

同じ調子で声を出していても、自然と大きく響く声が出るときもあれば、張りがない声しか出ないときもあります。時には、少しかすれていたり、喉の奥が詰まっているようなときもあります。

こういうときには、「今日はあまり体調がよくないようだから、気をつけて過ごそう」と心構えができるわけです。

ほんのささいな身体の変化ですが、身体が発しているそんな声をよく聞いてみてください。

自分の身体のことは、自分にしかわかりません。だからこそ、自分自身で身体の調子に気を配ることが重要だと思っています。

私が毎朝のお経を唱える声を聞くのと同じように、みなさんも自身の基準を作ってみてはいかがでしょう。毎朝飲むお茶やコーヒーの味で、体調を計るのもいいかもしれません。肌の張りや、階段の上り下りの息づかいなど、習慣にしていることで変化を感じてみましょう。

世の中には避けて通れないものがある

どんなに日々の健康に気を使っていても、思わぬ病に襲われることもあるでしょう。脳梗塞《のうこうそく》や心筋梗塞などという病は、ある日突然襲ってきたりします。さまざまな要因があるのでしょうが、いずれにしても予測することもできませんし、防ぐことも難しいものです。規則正しい生活を心がけていても、がんになった知り合いの禅僧は何人もいます。

そういうとき、こんなに健康に気を配っていたのにもかかわらず、「どうして自分が」と思うことでしょう。


「災難に遭う時節には災難に遭うがよく候」

これは良寛和尚が災害に遭われた人に宛てて書いた手紙の一節です。

その意味は、「この世の中には、避けては通れないものがある。逃げようのないこともある。もしそんなものに出合ってしまったら、もうそれは正面から受け入れるしかない」という意味の言葉です。

一見冷たいように感じるかもしれませんが、これは真理です。

どんなに気をつけていても、病気を患うことはあるでしょう。そんなときは、もう真正面から受け止めるしかないということです。そして人には、それを受け止められる力があるのだと私は信じています。

フレイルを克服する

「フレイル」という言葉を聞いたことはありますか？　医学用語で「老化するにしたがって、身体が衰え、虚弱になった状態」を指したものです。

年齢とともに体力が衰えていくのは仕方のないことですが、それを放っておくと、どんどん身体が虚弱になっていくことになります。

しかし、日常生活を自力で送れなくなる前に、努力によって回復も可能だといわれています。若い頃のようにはいかないでしょうけれど、虚弱になることは防げるそうです。

ここで二人の知り合いの話を紹介しましょう。

Ａさんは六十歳で会社を定年退職した後は、食べたいときに食べて、眠くなったら寝るという、気ままな生活をしていました。会社員時代からすれば夢のような暮らしでしたが、一年ほどでＡさんの体重はみるみる増えていきました。お腹はでっぷりと出て、少し歩くだけで息が上がるようになりました。

「これでは楽しい老後を過ごすことはできない」と思い立ち、Ａさんは私のお寺を訪ねてきて、いいました。

「ここでアルバイトをさせてもらえませんか。身体を使って外でできる仕事がいいのですが」

そこで、私はお寺の庭の手入れやお掃除の仕事を頼むことにしたのです。

それから毎朝、Ａさんは建功寺の庭仕事にやってきました。寒い冬には凍えるような思いをしながら、暑い夏には全身に汗をかきながら、庭仕事に励んでいました。

Ａさんにとって、これはお金のためではありません。自身の健康のためにと庭仕事に励んでいたのです。

そうして一年も経った頃には、Ａさんの身体はみごとに引き締まっていたのです。朝の新鮮な空気を胸いっぱいに吸いながら、全身を動かして仕事をしてきたのですから、健康にならないはずがありません。

私のお寺にはこうして境内の管理をしてくれるスタッフが数人おりますが、みんなとても健康です。流行した新型コロナに罹《かか》った人も一人もいませんでした。

もう一人のBさんのお話です。彼は五十代半ばまで、会社の事務職の仕事をしてきました。毎年の健康診断では「要検査」の項目が並んでいたそうです。適切な運動を心がけないと、重大な病になりますよ、と医師からいわれていました。

しかし、会社では一日中デスクワークですし、残業も多く、休日出勤もありました。ですから、いったいいつ運動すればいいのか、と悩んでいたそうです。

そうしたあるとき、Bさんはこれ以上、今の生活を続けていたら、本当に重大な病気に罹ってしまう、と気づき、仕事を変える決心をしたのです。

これまで勤めていた会社を退職して、Bさんはガードマンという職業に就いたのです。大きな敷地の会社で、日中のみガードマンとして働きはじめました。敷地内と、そこに建つすべてのビルのすべての階を巡回する大変な仕事です。気がつけば朝に出勤してから夕方の仕事を終えるまで、ほぼ一日歩き通しでした。歩数計を見ると、毎日二万歩を超えていたそうです。それが週に五日あるのですから、はじめのうちは身体にこたえたそうです。

それでも仕事に慣れてくると、とても体調がよくなってきました。

身体を動かしているため、夜もぐっすり眠れるようになったそうです。
そうして一年が経ったとき、その会社で健康診断を受けると、Bさんの数値は、すべて正常に戻っていました。「健康には何の心配もありませんよ」と医師からいわれたそうです。

健康のために働く、ということ

いくら気をつけていても、筋力は衰え、それがフレイルにつながっていくこともあるでしょう。そんな不安から、運動をいきなりはじめる人もいると思いますが、習慣化しない限り、なかなか続かないものです。

しかし、ここで紹介した二人は、「やったほうがいいこと」ではなく「やらなければならないこと」と意識を変え、仕事として身体を動かす選択をしました。

六十歳を過ぎると、油断すればフレイルになっていきます。それを防ぐために、**お金のためではなく、身体にとっていい仕事を選択する、**という考え方があってもいいのかもしれないと思いました。

何のために働くのか――。この答えは、年齢とともに変わってきて当然なのでしょう。

眠れない夜に「夜坐」のすすめ

道元禅師は、坐禅こそが最上の修行であるとし、禅宗は坐禅を修行の中心にしている一派です。

ただひたすらに坐禅を組むこと。それを曹洞宗では「只管打坐《しかんたざ》」といいます。「只管」とは「ひたすら」という意味です。

禅僧の修行は朝の坐禅からはじまります。足を組み、両手を身体の前で柔らかく重ね、丹田《たんでん》（おへその七五ミリほど下）を意識して腹式呼吸をする、いわゆる丹田呼吸をゆっくりと繰り返します。

このような深い呼吸をすることで、心と身体が整っていきます。そして坐禅を組むことで「無」の境地を目指します。

坐禅を組んでいるときには、頭に浮かんできた物ごとを留めず、そのまま流していくのですが、何も考えまいとすると、慣れない人は必ず「何も考えないようにしよう」

と考えてしまいます。「考えないようにする」ということを考えてしまうわけです。

禅僧たちは「無」の状態を少しでも長い時間保つことを目指して、生涯修行に励みます。

修行道場では、このような朝の坐禅からはじまり、夜も坐禅で終わります。

床に入る前の夜の坐禅のことを「夜坐《やざ》」といいますが、眠れない夜には、この「夜坐」を、みなさんにおすすめします。

一日を振り返ると、なかなか眠れないということもあるでしょう。気になることや心配ごとがあれば、途端に目が冴えてくるものです。そんな日が続けば、心ばかりか身体も休まることができません。

さまざまな思いを受け流し、ゆったりとした気分で睡眠に入るために、夜坐はとてもいいのです。

その日にあったさまざまな出来事が頭を巡るかもしれません。上手くいったこともあれば、失敗したこともあるでしょう。友人にいった言葉を思い返し、後悔することもあるかもしれません。

明日のことに思いを巡らすこともあるでしょう。大事な用事でもあれば、そのことが気になってしまうこともあります。出かける用事があれば、持ち物や着ていく洋服が気になってくるかもしれません。

ささいなことでも、夜に考えると大きな問題のように思えてくるものなのです。**大切なことは、心配ごとが浮かんだとしても、そればかりを考えないようにすることです。**頭を切り替え、それでもまたふと気にかかって思い出してしまう。それでもまた、それを流してしまうのです。

こうして繰り返し一つのことに心を縛られないようにすることで、心は穏やかになるものです。

夜は心身を癒す時間

毎日眠る前に夜坐の習慣をつけることで、思考を頭に留めない、ということができるようになっていきます。

さまざまなとらわれから解放され、質のいい眠りを得られるだけではなく、**夜坐をすることで、日常的に物ごとにとらわれない習慣が身についていきます。**

坐禅はなかなかできないという方は、たとえば眠る前にアロマオイルなどを焚《た》いて、その香りにゆったりとすることもいいでしょう。あるいは温かい飲み物を飲みながら、お気に入りの画集などをボーっと眺めたりするのもいいでしょう。心を癒せる時間、頭を空っぽにする時間を持つことで、入眠時のストレスは軽減されます。

生活していると、どうしても心がざわつくことはたくさんあります。しかし、眠りにつくときにそれを持ち込こまないようにすることが大事です。

美しい姿勢は美しい生き方を表わす

同じ年の人が並んでいたとき、若々しく見える人と、疲れた印象を持つ人がいます。この二人の印象の違いは、お化粧や洋服なども関係してきますが、それ以上に大事なことは姿勢です。

まっすぐに美しい姿勢で立っている人は、とても若々しく見えますが、背中を丸めている人は、どこかお年寄りっぽく見えてしまいます。おそらくは実年齢よりも年を取っていると思われるでしょう。

人間の成人の頭の重さは四〜六キログラムほどといわれています。そんなに重たいものをてっぺんに置いて生きているのですから、どうしても姿勢は悪くなっていくものです。

特に女性は首が細いですから、どんどん頭の重さに負けてしまう傾向があるでしょう。だからこそ、意識して背筋をすっと伸ばしてみましょう。

背筋を伸ばしてまっすぐな姿勢を保てば、頭の重さはそれほど気にならなくなるものです。たとえば、長時間下を向いて読書をしていれば、たちまち首が疲れてしまうのは、頭の重さが首にかかるからです。そんなときにずっと背筋を伸ばし、まっすぐ前に視線を向けてみてください。首への負担が減り、一気に楽になるはずです。

背筋を伸ばすと、胸が広がるので内臓機能にもいい影響をもたらします。うつむいた姿勢は、どうしても胃が圧迫されるので消化が進まなかったり、それだけではなく、胸も圧迫されるので、呼吸が浅くなったりします。浅くて速い呼吸が身体にいいはずはありません。

また、背筋を伸ばすことは、感情のコントロールにも役立ちます。

たとえば人づき合いなどでイライラすることもあるでしょう。イライラしたとき、身体はうつむき加減になっていませんか？

仕事や作業をしているとき、何かに集中しているときは、特に意識して背筋を伸ばしてみてください。

深い呼吸をすることで、イライラなど負の感情が和らぐのを実感できるはずです。

姿勢は美しさの基本

老年期の美しさは、姿勢がいいかどうかにかかっているといっても過言ではありません。

美しい姿勢を心がけているというのは、それだけで日常生活に緊張感を持っているということの現われだからです。そういう人が、身だしなみに気を遣っていないはずはないでしょうし、家の掃除が行き届いていないはずはない、と思うのです。

というのも、姿勢というのは、一朝一夕で身につくものではなく、これまでの生き方が現われるからです。

美しい姿勢は、日々自分自身に目を向け、自分自身を丁寧に扱ってきた姿ではないでしょうか。

そういう人は、おそらく周りの人のことも丁寧に扱い、尊重できる人でしょう。周りには自然と人が集まってきますから、笑顔にあふれていることでしょう。

自分を丁寧に扱い、笑顔にあふれている人こそ、美しい人といえるのです。

よく笑い、健康寿命を延ばす

「笑う門《かど》には福来る」ということわざがあります。いつも笑顔を絶やさずに、楽しそうに笑っている人のもとには、必ずや幸福がやってくる、という意味です。

人は、楽しいときは笑えるものですが、苦しいとき、つらいときにも笑えるかどうか。そんなときでも笑うことで道は拓《ひら》ける、そんな意味も含まれていることでしょう。

声に出して笑う行為は、医学的に見てもとても身体にいい影響を及ぼすことがわかっています。

たとえば、笑い過ぎてお腹が痛い、という経験はありませんか？　これは、腹筋を使っているためで、ハードな腹筋運動をしているのと同じくらいの効果があるのです。

また、笑うことによって脳の前頭葉の働きが活発になることもわかっています。前頭葉とは、いわゆる人間らしい営みを支える大切な部分です。この前頭葉が活発に働くことで、若々しい脳になっていくそうです。

さらには、笑いによって幸せ物質であるセロトニンの分泌が促されることも知られています。

こうしてみると、笑うことで得られる効果は計り知れないものがあるのです。

動物の中で、笑うという行為ができるのは人間だけだといわれています。

せっかくそんな能力を持って生まれたのですから、積極的に笑わない手はありません。

中には大声で笑うことはみっともないとか、はしたないと思う人もいるかもしれませんが、そんなことはありません。

楽しそうに笑っている人を見ていると、周りの人も楽しい気分になるように、笑いは周囲の人たちも幸せに巻き込む力があるのです。

近年では、高齢者施設においても積極的に笑いが取り入れられて、みんなで落語や漫才を見て楽しんだりします。一人で観ても楽しめるものですが、みんなと一緒に観ることで、その効果が倍増します。

一人なら大して面白いと感じなくても、隣の人が楽しそうに大声で笑っていると、自分まで思わず笑ってしまうものです。

施設によっては「笑いヨガ」というものを取り入れているところもあります。これは、ただみんなで一緒になって「わはは」と大きな声を出して笑う、というものです。別に面白いことがあるわけではないのですが、とにかく声を出して「わはは」と笑ってみるのです。

最初のうちは「なんてバカなことをさせるんだ」と怒ってしまうお年寄りもいるそうです。いきなり大声で笑いましょうといわれるのですから、受け入れられない人がいるのもわからないではありません。

しかし、スタッフたちがみんなに笑いを促すと、最後には全員が楽しそうに笑いはじめるそうです。

まず笑うことで、人生は笑いにあふれる

「面白いから笑う」ということもありますが、「笑っているうちにどんどん面白さが増してくる」という面もあるのです。ですから、意識して笑ってみることを心がけるとよいでしょう。

年齢を重ねるにしたがって、感情の働きが鈍くなっていくのは仕方のないことです

が、だからこそ、豊かな感情表現を心がけたほうがいいと思います。

喜びや楽しいことは心の中に封じ込めておかないで、思いっきり外に向かって出してみましょう。

最初は毎日、口角を上げることを意識するだけでも十分です。

そして、いつでも大きな口を開けて大声で笑える人になれたら、きっといくつになっても、笑いの絶えない人たちに囲まれることでしょう。

笑うことに遠慮などしている場合ではありませんよ。

呼吸に意識を向ける

冷え症に悩まされている女性は多いと思います。足先や指先が冷たくて辛い、夜に布団に入っても身体が冷えてなかなか眠りにつけない、という人もいるでしょう。病気を患っているのであれば別ですが、そうではないなら、ちょっとした心がけ次第で冷え性は改善できます。

それは呼吸法にあります。

私たち禅僧は、常に自分自身の呼吸に心を配っています。丹田を意識してお腹で呼吸をする腹式呼吸をしますが、腹式呼吸がどうしていいのかというと、緊張したときのことを思い返してください。

緊張しているときは、必ず胸で呼吸をしています。イライラしたり、怒ったりしているときも同じです。胸で息をすることで、一気に大量の空気が肺の中に入ってきて、それが過呼吸の状態を生み出してしまうのです。過呼吸になると、意識を失ってしまうこともあります。

胸で息をするのではなく、お腹に空気を送り込むようなイメージを持ってください。

そして、心身を整えるゆったりとした呼吸をするためには、まずは息をゆっくりと吐き切ることです。

「呼吸」の「呼」という字は「吐く」ことを指しています。次に「吸」という字がくるように、「呼吸」とはまず、息を吐き出すことが最初なのです。

もうこれ以上は空気が残っていないと思えるほどに、吐き切りましょう。そうすると、自然に身体は息を「吸う」ことをしてくれます。

吐き切った後は、身体に任せてしまうのです。

ときどき、「深呼吸をしましょう。はい、息を吸って」と声をかける人がいますが、反対です。深呼吸を促すのであれば、まず「息を吐き切ってください」というのが正解なのです。

呼吸で身体を温める

私たち禅僧が坐禅を組んでいるときの呼吸数は、おおよそ一分間に四回から五回くらいです。修行を積んだ僧侶であれば一分間に三回くらいの呼吸数になるそうです。
これは一般の人はなかなか難しいですが、一分間に七回から八回くらいを目安に息を整えてみるとよいでしょう。

ゆっくりと深い呼吸をすることで、全身の血流が約二五％も上がるとされており、身体はぽかぽかと温まってきます。これは医学的にも理にかなっているのです。

昔の禅僧は、山の中で修行をしていました。真冬の山中は極寒だったでしょう。暖房もない洞窟のような場所で坐禅を組むのですから、身体への負担は相当なものだったと思います。

それでも禅僧が凍え死ぬことがなかったのは、まさしく丹田呼吸法によるものでした。お腹で深い呼吸をすることで、全身に血液を巡らせ身体を温めていたのです。

浅く速い胸呼吸をしていると、全身の血流は約一五％も減少するそうですから、丹田呼吸とは差し引き約四〇％もの違いが出てきます。

それだけ血流が変われば、当然、いろんなところに影響が出てくることでしょう。

呼吸は心身に影響を及ぼす

脳に酸素や栄養素を送り込むのは血液です。血流が悪くなるということは、すなわち脳に酸素が運ばれにくくなるということですから、脳の働きは悪くなっていくでしょう。

年を取れば年齢の影響もあるでしょうが、**それでも正しい呼吸法を心がけるだけで、脳の若さは保たれるものなのです。**

もう一つ例を挙げるなら、たとえば柔道などの競技で、ほぼ同じ実力の選手同士が戦うとします。どちらが勝ってもおかしくはないという状況のとき、勝負を決めるのは、やはり呼吸なのです。

呼吸を整えた選手のほうが、整っていない選手に比べると引き出せる能力は断然高まります。これはスポーツの世界では当たり前のこととして知られています。

呼吸を意識する習慣を身につけてください。ほんの少しの意識で、心身の健康に大きく作用するのです。

できることと、できないことを区別する

「他不是吾（たはこれわれにあらず）」という禅語があります。その意味は「他人にしてもらったのでは自分のためにならない」ということですが、この言葉が生まれたときの逸話を紹介しましょう。

道元禅師が中国の天童山というお寺で修行をしていたときのことです。

禅寺には必ず「典座《てんぞ》」といわれる、雲水たちの食事を司《つかさど》る「調理担当責任者」がいます。禅宗の規律をしっかりと守りながら、かつ雲水たちの健康にも気を配らなくてはいけませんから、典座はお寺には欠かすことのできない重要な役職でした。

道元禅師が修行をしていた天童寺にも、一人の年老いた典座和尚がおりました。かなりの老齢で、腰もすっかり曲がっていたそうです。

老典座和尚は杖をつきながら、その仕事の責任者として雲水たちの食事を毎日作っていました。老典座和尚の下には何人かの典座寮に配属された和尚がおり、老典座和

尚のもとで雲水が食べる料理を習っていました。いってみれば部下のようなものでしょう。

ある夏の暑い日。寺の中を歩いていた道元禅師は、境内で何かの作業をしている老典座和尚を見かけました。何をしているのだろうかと、道元禅師が老典座和尚のそばへ行くと、老典座和尚は、夏の太陽の下で一つひとつ丁寧に椎茸を干していたのです。

もちろん雲水たちに食べさせるためです。

とても暑い日でしたから、高齢の老典座和尚は身体を壊さないだろうか、と道元禅師は心配になり声をかけました。

「典座和尚さん。どうしてこの暑さの中で、あなたがそのような仕事をしているのですか。あなたがやらなくても、若い者にやらせばいいのではないですか」

この道元禅師の問いに老典座和尚が答えたのが「他不是吾」という言葉だったのです。

他人に任せてしまうことは、自分自身の修行にはならない、ということです。

手を抜かずに生きる

老いてくると、できないことがどんどん増えてきます。重たい荷物は持てなくなりますし、掃除も家の隅々まで行き届かなくなってきます。料理も手早くできなくなってくるでしょう。

それでも、「できること」は、必ず残されています。その残された「できること」を大切にしてほしいと思います。

いずれは、生活のあらゆることを誰かの手を借りなければできなくなるときがやってきます。そのときがくるまでの時間を、どこまで延ばせるか。それは、日常にかかっているように思います。

自分でできるにもかかわらず、面倒だからといって諦めてしまったり、安易に人にやってもらったりしているか、それとも、動ける範囲で自分の力でやろうとしているか。その違いはとても大きいように思います。

それでなくても、今は手を抜こうと思えば、簡単に手を抜くことができる時代です。ロボット掃除機や通販など、それはとても助かるものばかりですが、動けるうちは、自分でできることは自分でする、という姿勢は大切です。

楽ばかりしようと考えていると、生きることにも手を抜いてしまうことになりかねませんよ。

物忘れがひどくなったと嘆く前に

年を重ねるにしたがって、脳の機能が衰えていくのは当たり前です。記憶力や判断力などが衰え、物忘れも少しずつ増えていくでしょう。

物忘れがひどくなり、友だちの名前や旅行に行った場所が思い出せなくなったとき、自分が情けなくなるかもしれません。それでも、思い出が心に残っていれば十分で、細かなことは覚えていても仕方のないことです。

忘れてしまったと嘆くより、忘れても大丈夫と、割り切ってしまうことです。

「ありのままの自分でいたい」「ありのままに生きていたい」。そんな言葉をよく聞きます。

「ありのままの自分」とは、いったいどんな自分なのでしょう。それは、単に感情をむき出しにしたり、わがままを通したりすることではありません。他人のことを考えずに自分勝手に生きることでもありません。

「ありのままの自分」とは、「無理をすることなく、自然な状態であり続けること」「周りに流されるのではなく、自分がいちばん心地よい状態を保てること」。そう私は考えています。

人生とともに、人は変化していきます。社会や周囲からの影響を受けることで、考え方や価値観も変わってくるでしょう。それは避けることはできません。しかし、いつの間にか、「ありのままの自分」を見失ってしまうことが生じるのです。

物忘れがひどくなり、物ごとを判断できない自分になっていくのは、不安や怖れがあることでしょう。まさに未知の自分を見る心境かもしれません。それでも、もしかすると「ありのままの自分」に近づいているのかもしれません。

ボケて取り戻せる心もある

「ボケる」という言葉は、色調が曖昧な様子や焦点・論点がはっきりしない様子、また「ピントがボケる」というような使われ方をしますが、脳機能の低下によるボケも、おそらくそういう意味ではないでしょうか。

白黒はっきりさせ、物ごとを決定し、ことを進めていくという状況から、曖昧さやグレーゾーンを受け入れ、判断を委ね、受け入れていく状況になっていく、ということのように思います。

人はいろんなことを忘れていくことで、寛容さを広げていくような気がします。

物忘れがひどくなったり、判断力が低下することで、家族などにも大きな影響を及ぼしたり、また自分ではどうしようもないことで精神的に辛いこともあると思いますが、それでも、ボケることは、けっして不幸なことばかりではないように思います。いろんな感情をそぎ落とし、広い心を持ったとき、最後に顔を覗かせるのは、もしかすると「ありのままの自分」かもしれないのですから。

それはきっと、子どもの頃の自分かもしれず、人はこうやってゆっくりと子どもの頃に戻っていきながら、生涯を閉じていくのかもしれません。

人生の閉じ方を考える

今や八十歳を迎えるお年寄りなど珍しくありませんが、それを単純に喜んでばかりいるわけにもいきません。

医学の進歩によって「生かされている」状態の人が多いこともたしかだからです。つまり、意識もない状態で、チューブにつながれ肉体だけが生かされている、ということです。

私が知っている二つのケースを紹介したいと思います。

六十歳になるＡ子さんは、母親が早くに亡くなり、父親に愛情深く育てられました。Ａ子さんは結婚してからも実家の近くに住み、父親の住む家を三日にあげず訪ねていました。

そんな父親が脳梗塞で倒れたのが五年ほど前。回復の見込みはないと医師からは告げられました。それでも一命を取り留めた父親は、ベッドの上でたくさんのチューブにつながれて生命を維持しています。

A子さんがいくら呼びかけても反応はありません。看護師さんは「きっと聞こえていますよ」といってくれますが、最初の頃はその言葉を信じられても、五年が経つ頃には諦めに近い感情にすっかり包まれていったのです。

A子さんは日々ベッドで眠る父親の姿を見ながら、自問自答を繰り返していたそうです。

「お父さんは、こんな状態で幸せなのだろうか。もしかしたら、お父さんはチューブを外すことを望んでいるのではないだろうか」

A子さんは、答えのない世界を一人きりで漂い続けている心境でした。

もう一人はB子さんです。A子さんと同じように、B子さんの父親もまた寝たきりの状態が続いていました。ただA子さんと違うのは、ベッドにいるのはB子さんの夫の父親であるということです。ご主人は長く単身赴任をしているので、B子さんが週に一度、義理の父親の様子を見に行くという生活が続いていました。

ある日、B子さんの携帯電話に病院から緊急呼び出しがありました。急いで駆けつけると、医師と数人の看護師が義父のベッドを取り囲んでいます。状態がよくないことは一目でわかりました。

「お父様の状態は極めて危険な状況です。もしこのまま延命措置を続けても、回復は見込めないでしょう。延命措置はかえってお父様の身体を苦しめることになる怖れもあります。この段階で延命措置の機械を外すという選択肢もありますが、どうされますか？」

そう医師から告げられました。

チューブを外すことは、すなわち死を意味します。

そんな重大な選択を一人で背負うことなど、できるはずもありません。まして自分の父親ではないのですから。

夫と連絡がつかず、「何かあったときは、君の決断にゆだねるから」と夫からいわれていたものの、果たしてその言葉を鵜呑《うの》みにしていいものか……。B子さんは、とうとう決断することができませんでした。

そのときは何とか延命措置で切り抜けることができたのですが、数日後にお父さんは帰らぬ人となりました。

B子さんは私が決断できないばかりに、楽な最期にしてあげられなかったのではないか、と後々まで気に病んだのです。

最期のあり方を伝えるのは誰のため？

健康状態が急変することは、誰にも予測はできません。だからこそ、もしも自分に意識がなくなったら、もしもチューブでつながれるような状態になったら、自分はどのような最期を迎えたいと願っているのか――。家族や友人、大切な人に伝えておくことは大事です。

自分の人生をどのようにして閉じたいのか。それを明確にして伝えておくことは、自分自身のためではありません。自分の周りにいる、大切な人たちを苦しめないためです。

人生の閉じ方に正解などありません。だからこそ、あなた自身が答えを出しておいてあげるのが、遺された人たちへの最後の愛情なのではないでしょうか。

日常に「箍《たが》」を持つ

私はまだ二十代の雲水だった頃に修行を経験しましたが、あのときの苦しさは、今も忘れることはありません。その一方で、あの貴重な経験は、雲水修行でなければできなかった、ありがたい経験でもあり、感謝の気持ちでいっぱいです。

それは今の生活ではなかなか体験できないことで、だからこそ得られた生きる知恵でもあるからです。

たとえば、食事は一汁一菜が基本で、朝は粥、昼と夜は小麦を混ぜた御飯を一膳と、野菜の煮物などのおかずが少々、そして汁物と、たくあんなどの漬物が少しでした。

若い雲水にとって、とても満足できる量ではなく、常に空腹でした。明らかに栄養不足の状態が続き、二〜三か月で多くの雲水が脚気《かっけ》などの症状に悩まされます。当然、間食など、いっさい許されません。甘いお菓子などは夢に出てくるほどでしたが、口にできるものではありませんでした。

ところが半年も過ぎると、そんな食生活にすっかり身体が慣れてくるのです。空腹感はありますが、もはや我慢できないほどではなくなってきます。ときには「甘いお饅頭が食べたいな」という思いも浮かんできますが、その誘惑さえも受け流せるようになっていくのです。

このような食生活に慣れてくると、不思議なことに気がつきます。

それは、お腹を壊さなくなったということです。何となくお腹の調子が悪い、ということは普通に生活していて珍しくはないでしょう。ところが雲水時代を思い出してみると、お腹の調子が悪くなるということなど、いっさいなかったのです。

そう考えれば、**身体を壊すのは食べ過ぎが一因になっている、ということがわかります。**

明らかに現代人は食べ過ぎです。お昼になったからと、食欲もないのに食べ物を詰め込んでいる人もいるのではないでしょうか。そんな生活が病を引き起こすのです。

もうひとつ雲水時代の修行で思い出すのは、行事やご法要のとき以外は、毎日裸足で過ごしたことです。春夏秋冬、朝から眠るときまで裸足です。真冬の時季でも裸足で過ごします。あまりの冷たさに、常に足がしびれたような状態なりました。もう寒さなどは通り越している状態です。

こんなに寒さに耐えて生活しているのですから、普通に考えれば風邪をひいて当然だと思うでしょう。

ところが不思議なことに、風邪をひく雲水はほとんどいませんでした。インフルエンザなどは別ですが、いわゆる一般的な風邪は、私もまったくひきませんでした。

裸足で生活すると風邪をひかなくなる。

医学的に根拠があるかどうかは知りませんが、事実として裸足で生活する雲水は、風邪などほとんどひかなかったのです。

裸足での生活は、修行生活を終えて自らの寺に戻っても続けていましたが、さすがに今では真冬は薄手の足袋を履くようにしています。しかし、基本的には冬場を除き裸足で過ごしています。

これは裸足の生活を心がけている、というよりも、自分にとって裸足でいることのほうが心地いいからです。

考えてみれば、もともと人間は裸で暮らしていたのですから、裸足のほうが身体には合っているのかもしれません。裸足になる心地よさを本能的にわかっているのではないでしょうか。

毎日の暮らしから健康と喜びを

規則正しい生活をし、一汁一菜という簡素な食生活をすること。そして身体が何を喜んでいるのか、その身体の声を聞きながら生きていくこと。そうすることが健康には何よりだと思います。

そのためにも、暮らしの中に、自ら箍をはめてみてはいかがでしょう。**楽に流されず、欲望を野放しにせずに、心身を律する箍をはめてみるのです。**

雲水になりたての頃は、自由に足を伸ばすことさえ許されませんでした。雲水修行を終えて、足を伸ばしたときの気持ちよさを、私は忘れられません。

何気ない日常に喜びを見出すためにも、生活にほんのわずかな箍をはめてみることも大事なことです。

第四章

幸せな老い方、美しい生き方

お墓を見直す

「墓じまい」をする人が増えています。お墓が故郷にある場合は、お墓参りはお盆とお正月だけ、という人は多いでしょう。高齢になるほど、遠い故郷に帰るのはおっくうになります。先祖代々のお墓は守っていきたいという気持ちはあっても、現実的には難しくなってくることでしょう。

まして自分の子どもにその負担を押しつけることはしたくない、という人もいると思います。

そうなると、選択肢は二つしかありません。一つは故郷のお墓をしまい、新しいお墓を自分の家の近くに建てるという方法。そしてもう一つは、樹木葬などにして、お墓そのものをなくしてしまう、という考え方です。

都市部に暮らしていれば、家の近くにお墓を見つけることは大変難しいでしょう。かといって、遠くに求めれば、遠い故郷に帰るのと同じような状態になってしまいます。

そうであるならばいっそ、お墓を持たなくてもいい、という考え方をする人が少しずつ増えているようです。

日本人は、昔から自分が生涯を終えたときには、先祖代々のお墓に入るものだと思ってきました。生涯を終えてお墓に入れば、懐かしい両親や先に旅立ったきょうだいに会うことができる、と考えるのです。そう考えることで、死への恐怖心が和らいだのでしょう。

自分が旅立ち、お墓に入れば、きっと家族がお盆やお彼岸、お正月などに訪れてくれる、時には友人が訪れてくれる――。そんな安心感があればこそ、人は最期を迎えることができるのかもしれません。

人が最期に遺したいもの

人間が、最期に遺したいものは、財産や業績などではなく、この世にたしかに存在していたという「生きた証《あかし》」なのではないでしょうか。

生きた証というのは、誰かの心の中に残っている、ということです。

「あの人はほんとうにやさしい人だったね」「あの人はいつも周りの人のことばかり考えていたね」というように、遺された人の心の中に、その人の思い出が残されることこそが、その人が生きた証であり、幸福な人生だったといえるのだと思います。遺された人が、亡くなった人に思いを馳せ、その人の生きた証に出会う場が、お墓なのです。

一方で、お墓にお骨を収めず、生前大好きだった海に、お骨を撒《ま》いてほしい、といい残して亡くなっていく人もいらっしゃいます。あるいは大好きな山に散骨してほしいという人もいます。

日本の法律では、本来は墓地埋葬許可のあるところ以外での埋葬は認められていないのですが、昨今では、相当の節度を持って行う散骨は違法ではない、という考えが浸透しているようです。海や山などに散骨することは、現在の法律の対象外と解釈されているようです。

夫の遺言にしたがって、海に散骨をした女性がいました。亡くなった直後には、夫の願いを叶えることができたと一安心したようですが、日が経つごとに寂しさが募ってきたそうです。全部の骨を散骨しないで、せめて少しは残してお墓に入れておけばよかった。そんな後悔が押し寄せてきたといいます。

海に行けば、いつでも夫の魂に会えるかもしれない……と思っていたのですが、目の前の大海原に、どうしてもご主人の面影を想像することはできないのです。

　お墓の前に静かにたたずみ、「お父さん、今日はいい天気ですよ」と語りかける時間にこそ、故人を偲ぶ心と、偲ぶ心を癒す魂の呼応があるのかもしれません。

　お墓は亡くなった人のためだけにあるのではありません。遺された人たちのためでもあるのです。

頑張ってきた人生を褒める

昔、中国・梁《りょう》の武帝はとても信心深いことで知られていました。武帝は一生懸命に写経に励み、日々の生活においても仏教に信心していました。それだけでなく、武帝は多くの財を投じて、いくつものお寺を建てました。少しでも仏教の発展に尽くしたいと考えていたからです。

あるとき武帝は、達磨《だるま》大師《たいし》にこう聞きました。

「達磨大師、私はこれまでたくさんのお寺を建ててきました。こんなにも仏教のために尽くしたのですから、私はいったいどのような功徳《くどく》が得られるでしょうか」

この問いに対して、達磨大師は一言、「無功徳」と答えたのです。

いっさいの果報を求めない、ということが禅宗の基本です。これをしたからいいことがある。こんなに尽くしたのだから、見返りがあるに違いない……。そう考えた時点で、それは純粋な行為ではなくなってしまうということです。

かの武帝は、どうして功徳を求めたのでしょうか。

それは、自分が行った行為に対して、相応《ふさわ》しい結果を得たかったからにほかなりません。

これは、武帝だけではありません。多くの人は、想像した結果と見合わなかった場合、落ち込んだりすることがあるのではないでしょうか。結果を期待するから、落ち込むのです。

見返りなどを求めず、ただ純粋に目の前のことに尽くしなさい、というのが「無功徳」の教えです。

無駄なことはいっさいない

私たちは、どうしても自分の行いに対して、結果を求めてしまいます。自分が頑張ったことには、それなりに満足する結果を期待しますし、よかれと思ってしたことには、誰かから感謝されることを期待してしまいます。

しかし、期待通りではなかったとき、人はつい「時間の無駄だった」と思ってしまいますが、人生で無駄なことなど一つもない、と私は思っています。

うまくいかなかったとしても、期待通りの結果が出なかったとしても、それはけっして無駄なことではありません。

「努力は必ず報われる」という言葉がありますが、その通りだと思います。

ただし、この「報われる」というのは、成果が出るという意味だけではありません。

「報われる」という言葉の本当の意味は、「自分自身の人生が豊かになる」ということなのです。

成功したか失敗したか、結果が出たのか出なかったのか、そんなことは関係ありません。

ただ目の前のことに努力をすること自体が、自分自身のよき経験となり、その積み重ねこそが、人生を豊かなものにしてくれるのです。

どうか、あなた自身が努力をしてきたことを、精一杯、褒めてあげてください。

そして、これからは、まさに無功徳の心を持って生きてみてはどうでしょう。

自分の行為に対して何かを求めるのではなく、見返りを期待するのでもなく、ただ純粋に目の前にいる人のために尽くす、ということです。

相手のために尽くすというのは、大げさなことではありません。

禅語の中に「愛語」という言葉があります。愛情を持った優しい言葉づかいを心がけましょう、という意味です。

目の前にいる誰かに、無心で愛情あふれる言葉をかけてあげてください。

そのように無功徳で生きられたら、周りの人も幸せに包まれるでしょうし、また求めない心が、自分自身の心も軽やかにしてくれることでしょう。

日々の小さな幸せを大切にする

人は誰もが「幸せになりたい」と願っています。幸せになりたくないと思う人など、いるはずがありません。

ではいったい、「幸せ」とは何でしょう。

もし「あなたの幸せは何ですか」と問われたら、何と答えますか？

「たくさんのお金があること」「健康で長生きできること」「好きなときに好きなだけ旅行に行くこと」「パートナーと仲よく暮らせること」「子どもが幸せであること」などなど、いろいろあるでしょう。

人によって、幸せと思う情景は違いますが、一言でいうなら「幸せと感じた人」が幸せだということです。

日々の暮らしには、幸せがいたるところにちりばめられています。

朝目覚めたこと、食事を美味しくいただいたこと、近所の公園に花が咲いたこと、気持ちのいい風を感じたこと、懐かしい友人から連絡があったこと、昨日できなかったことが今日できたこと、今後やりたいと思うことが見つかったこと、本の中に心に残る一文と出会ったこと……。

何か特別なことや、ほかの誰かがあなたを幸せにしてくれるのではなく、幸せだと感じる心を持っていれば、それだけで日常は幸せに包まれるのです。

太陽はすべての人に平等に降り注いでいます。やわらかな風はすべての人の類をなでてくれます。それを幸せだと感じられるかどうか。たったそれだけの差が、幸せと不幸せを分けているのです。

その日しか味わえないものがある

「日々《ひび》是好日《これこうじつ》」という禅語があります。有名ですから聞いたことがある人も多いでしょう。

一年を通して、晴れて気持ちのいい日もあれば、雨が降ってじめじめとした日もあります。一年中晴れた日が続くことはありません、風雨が強まる日もあるでしょう。

しかし、どうしても私たちは「快晴の日は気持ちのいい日で、雨の日は気分が重い日」などと思いがちです。

それを幸・不幸でいうなら、晴れの日は幸せで、雨の日は不幸せ、そう考えてしまうのでしょう。

「日々是好日」とは、どちらの日にもそれぞれいいところがある、という意味です。晴れの日は楽しい気分になるでしょうが、雨が降っていなければ味わえない体験もあるのです。

どちらがいい・悪いということではなく、それぞれにあるかけがえのない、いい部分に目を向けましょう、と教えているのです。

人生もまた同じです。うまくいくときもあれば、うまくいかないときもあるでしょう。楽しいこともあれば、辛い思いをすることもあります。それでも、辛いことがすなわち不幸せなことではありません。

たとえ苦しいことがあったとしても、それはその日にしか味わうことができない尊い日なのです。その先には必ず嬉しいことが待ち受けているでしょう。延々と苦しみや悲しみが続くことなどないのですから。

幸せを感じる心を育ててください。

寒いとき、温かな湯船につかると、思わず口にすることがあるでしょう。「ああ、幸せだな〜」と。これが「あなたの幸せは何ですか？」という問いの答えなのです。

感じる心さえあれば、いつでもどこでも、幸せになれるのです。

一人暮らしになったとき考えること

かつての日本では、高齢者の一人暮らしはとても稀《まれ》でした。三世代同居の家族が多かったうえ、きょうだいもたくさんいたからです。

何かの事情で一人暮らしになったとしても、近くに親戚がいたり近所に顔見知りがいたりと、安心感を持って暮らすことができました。

ところが近年では、一人暮らしのお年寄りが急激に増えています。都市部に限れば、住民の約四〇%が独居だというデータもあります。社会構造の変化や家族観の移り変わりなど、いくつもの要因があるでしょう。

しかし、人間は一人では生きていくことはできません。社会で生きている限り、常に誰かと関わりながら生きています。

六十歳を過ぎたら趣味を持ったほうがいい、などといわれる理由は、心身の健康も

ありますが、コミュニティに所属することで安心感を得られるからでしょう。

人によっては、今さら趣味なんて……という人もいると思いますが、新しい趣味を作らなくても、パソコンや携帯電話を使って、ユーチューブやブログなどＳＮＳでの発信に挑戦してみるもの一興です。

楽しかった出来事を面白く紹介してみるのも楽しいでしょうし、考えたことや感じたことを綴《つづ》るのもいいでしょう。書くことがない、という人でも過去の印象的な出来事を思い出して書いてみたり、毎日の食事の写真をアップしたりするだけでもいいのです。

そうすることで、誰かの目に必ず留まり、中にはコメントをしてくれる人が出てくるかもしれません。

それはとても細い糸で結ばれた関係ですが、自ら発信することで得られた関係は、貴重な体験になりますし、それで喜びや楽しみが得られたなら、それが太い糸に成長していくこともあり得るでしょう。

発信してみたいけれど、文章を書くのが苦手という人なら、文章教室に興味を持つかもしれませんし、文章は書けるけれど、パソコンが苦手というなら、パソコン教室に行ってみればいいのです。

興味を持ったことに対してとにかく動いてみると、人間関係は思いがけず、どこかでつながっていくものです。

常に大切な人とともにいる

「把手共行《はしゅきょうこう》」という禅語があります。読んで字の如く「手を取り合って、ともに行く」という意味です。信頼できる人、志をともにした人、生涯を誓い合ったパートナーと手を取り合って生きていくこと。それは素晴らしいことです。しかし、「把手共行」の意味は、もう少し奥深いところにあります。

四国のお遍路さんが持つ笠には「同行二人」という文字が書かれています。「二人」の意味するところは、一人は自分、もう一人は心の中にいる弘法大師さまを意味します。

お遍路の道中、自分一人で歩いているのではなく、常に弘法大師さまが見守ってくださり、ともに歩いている、という意味です。

この気持ちが一人で歩き続ける孤独を癒し、勇気を与えてくれるのです。

今一人暮らしで寂しい思いをしている人や、人づき合いが苦手で積極的になれないという人は、誰かに思いを馳せてみてはいかがでしょう。友人に手紙を書いてみるのもいいかもしれません。昔の思い出を懐かしみながら、友に心を寄せてみてください。一人で手紙を書いていても、その時間はけっして孤独ではないはずです。手紙を書きながら、友人と心がつながっているからです。

亡くなってしまった両親や家族のことを思い出すのもいいかもしれません。その面影を追いかける時間は、孤独が生まれることはないでしょう。

物理的には一人暮らしであっても、心はいつも誰かと寄り添っている。そんな心持ちでいられたら、それはとても豊かなことです。

学ぶことは、生きる支えになる

年を重ねてからの最高の楽しみは「学び」の中にあると私は思っています。教養や学びと聞くと、小難しく聞こえるかもしれませんが、そうではありません。私たち人間には、知的好奇心というものが備わっています。

自分が知らなかったことを知りたいと思う気持ち、新しいことに触れてみたいと思う心は、誰もが持っています。

私の知り合いの女性は、六十歳を過ぎたとき、般若心経を覚えることにしたそうです。きっかけは、たまたま訪れたお寺で仏像を見て回っていたとき、ある仏像の美しさに目を引かれたからだそうです。

彼女はこれまで友人とお寺巡りをしたことはあっても、仏教にも仏教美術にも興味はありませんでした。ところが、そのときはなぜか仏像をとても美しく感じ、見入ってしまったのです。

「もう少し仏教に触れたい」という思いがふくらみ、彼女は般若心経を覚えることにしました。

昔と違って記憶力も低下していますから、昨日覚えたと思った言葉も、翌日には忘れていることはしょっちゅうで、午前に覚えていたことも、午後にはもうおぼつかなくなるという毎日でした。

しかし、彼女は、なかなか覚えられないということを、まったく気に病むことはなかったそうです。なぜなら、自分が好きで覚えているだけだからです。

誰にいわれたわけでも、強制されて覚えているわけでもなく、期日が決まっているわけでもありません。ですから、「何度忘れても大丈夫」と、毎日唱えることだけを日課にして、数か月かけて、全部覚えたのでした。

諳《そらん》じることができるようになったとき、彼女の心境は大きく変化していたそうです。

一つは、覚えられたという達成感と自信で、毎日般若心経を唱えるたびに、その感慨を味わうことができたこと。

そしてもう一つは、信仰心です。それまでは、まるで仏教に興味がなかった彼女でしたが、般若心経に触れたことで、仏さまに対する深い敬いの気持ちが生まれてきたそうです。

この心境の変化は、彼女の日常を大きく変えていきました。

チャレンジして達成できたという自信が、自分への信頼を取り戻し、心を強く持てるようになりました。また、仏さまへの信仰心は、何があっても大丈夫、という安心感をもたらし、日々豊かな気持ちで過ごすことができるようになったのです。

学びが人生を支えていく

学びとは、自分の中に信じるものを増やしていくことのように思います。

歌を学ぶ人は歌の喜びを信じ、書を学ぶ人は書の美しさを信じ、料理を学ぶ人は、食事が幸せをもたらしてくれることを信じているのではないでしょうか。

何を学ぶか、何を信じるかは、それぞれの興味にしたがえばいいと思うのですが、学んだことは必ず、自分の心の中心で「軸」となっていくように思います。

学生時代の勉強や、仕事をするために覚えたことなどとは違い、年を重ねてから学ぶことこそ、本当の意味で自分を支える学びになっていくように思います。

過去に執着しない

過去・現在・未来。仏教ではそれを三世《さんぜ》と呼びます。私たちはこの三世の中で生きています。

この三世の中で、もっとも大事なのは現在です。

二度と戻ってこない過去に縛られることなく、未だ来てもいない未来を憂えることなく、現在を一生懸命に生きる、それが何より大事である、と仏教は教えています。

しかし人間は、なかなかそうもいきません。

「あのとき、別の道を選んでおけばよかった」「どうしてあんな行動をとってしまったのだろう」「あの言葉さえ口にしなければ、大切な人と別れることはなかったかもしれない」など過去を後悔したり、「この先、どうしたらいいのだろう」と未来の不安にさいなまれたりするものです。

そんな思いに襲われるのは、現在を見失っているときです。

自分のありようや、今自分はどうすべきか、何に喜びを感じ、どうしていきたいのかを見失っていると、たちまち過去への後悔と、未来への不安に包まれてしまいます。しかし、過去を変えることなどできません。もう少しいえば、後悔して誰かとの関係修復を願ったとしても、すでにその相手はいない、ということもあるでしょう。

この「どうしようもなさ」という感情にさいなまれるのが、老年期なのです。

一瞬の連続が人生を作っている

それでも、未来は変えることができます。

「不退転」という禅の言葉があります。この言葉の意味は、「自分を信じて前に進むこと」「けっしてくじけないこと」という意味で、後戻りすることはできないという覚悟を持って、物ごとに取り組む、という意味で使われます。

禅僧は、修行に励んだ先には悟りの道が待っており、一度悟りの世界に入れば、何があっても迷いの道に戻ってきてはいけない、という信念を持っています。

その覚悟の先にある未来を胸に抱き、現在という「今」を生きています。

「未来」と聞くと、高齢の人ほど「もう私の未来はそんなに残されていないのだから……」といいますが、そんなことはありません。

未来は、残された時間が長ければ長いほど有意義だとか、未来を語るのは若者だけの特権だとか、そういうことではありません。

年齢にかかわらず、今、生きているということは、未来があるということなのです。

大事なのは、今どう生きているか、その生き方が未来を作っているということです。

そう考えると、「昔はよかった」とか「あんなことをしなければよかった」などとばかり考え、いつまでも過去の時間を生きてしまっていたら、未来すらも過去の時間で埋め尽くしてしまうことになるでしょう。それはとてももったいないことです。

今日の生き方が、明日を作ります。

もし嬉しく楽しい明日を迎えたいと思うなら、今日、そのような心地で生きてみてはどうでしょう。希望ある明日を迎えたいなら、希望を見て過ごしてみてはいかがでしょう。

そんな一瞬一瞬の自分のあり方が、人生を作っているのです。

「曖昧さ」という智恵を持つ

物ごとを二者択一で考えない、というのが、禅の基本的な考え方です。

いくつかの選択肢が目の前に現れたとき、私たちはどうしてもどちらかに決めようとします。もちろん、どちらかを選ばなくてはいけないこともありますが、老年になれば、そんな窮屈な考え方はしないことです。

どちらがいいかと聞かれれば「まあ、どちらでもいいと思う」と曖昧に答えてみる。その曖昧さの中に、相手への思いやりや気遣い、見守る眼差しなどの愛情が含まれているのではないかと私は考えています。

あるご夫婦の話をしましょう。

現役を退いた後、夫婦二人の終《つい》の棲家《すみか》はどこにしようか、と引越しを考えはじめました。

夫は定年になった後は故郷に帰って、自然に囲まれながら畑を耕して暮らすことを夢見ていました。一方、妻のほうは、住み慣れた都会がいいと思っていました。夫の故郷とは何の縁もありませんし、彼女にとっては住んだことのない土地です。引越したら、せっかくの友人とも離れてしまいますから、今の場所に残りたいのは当然のことでしょう。

どうしても故郷に帰りたいと言い張る夫と、それは身勝手だと主張する妻の話し合いは、長い間平行線をたどりました。

さて、ここで二人にはある思い込みがありました。

夫の思い込みは「妻は夫についてくるものだ」というもの。そして妻の思い込みとは「夫婦は一緒に暮らすのが当たり前」というもの。この二人の思い込みこそが、解決しない原因だったのです。

「夫婦とはこういうものだ」「夫婦とはこうあるべきだ」というように、人は決めつけたがります。そんな決めつけなどやめて、もっと曖昧に考えてもいいのではないでしょうか。

私はそのご夫婦に、一言だけ提案をしました。

「夫婦関係というものを、少し曖昧に考えてみてはいかがですか」と。

それから数年が経ったとき、ご夫婦から手紙が届きました。

手紙によると、ご主人は故郷で畑を耕しながら暮らしているそうです。そして奥さまはこれまでの家に留まって、友人と楽しく暮らしている、と書かれていました。

お互いを尊重し合いながら、互いに行ったり来たりして楽しくやっているそうです。夫婦関係を少し曖昧にすることで、お互いに満足できる状態に辿りついたのでしょう。

世の中は「どちらでもいい」ことのほうが多い

曖昧さというのは、得てしてマイナスのことのようにとらえられることがあります。たとえば、はっきりと意見をいわない人のことを「あの人は自分の考えをいわないから、何を考えているかわからない」などということもあるでしょう。

しかし、問題ごとやいい争いというのは、互いに意見をはっきりいうことで起きるものです。

そう考えると、いちいち物ごとをはっきりさせる必要などないのではないかと思います。

人生に起きる出来事のほとんどは、実は白黒はっきり決める必要などない、「どちらでもいいこと」のような気がします。

「どちらでもいい」というのは、けっして投げやりな考え方ではありません。いろいろな考え方を受け入れることです。

たとえば、若い人から相談を受けたとき、「それは絶対にやめておいたほうがいい」などと決めつけた返事をするのは、もしかするとあなたの決めつけであるかもしれず、それは相手の選択する力を奪ってしまうことになるかもしれません。

「なかなか難しい問題だから、ゆっくりと答えを探していけばいいよ」などというような曖昧な返事が、考えたり選択したりする自由を相手に与えることにもなり、また相手への最大の思いやりにもなる気がします。

世の中の「絶対」と断言できることは、思い込みによることが多く、「曖昧」にやり過ごすことが相手のためになる、とわかるのは、年を重ねた人にしかわからない経験の重みのような気がします。

〝夢中三昧〟に生きる

「夢中になれることがありますか？」と、聞かれたとき、すぐに答えることができる人は、意外と少ないのではないでしょうか。

若い頃は夢中になれることを見つけるのは、そう難しいことではありませんでした。ちょっと興味が湧けば、次々に新しい情報も入ってきて、いってみれば、夢中になれるものは向こうからやってきてくれたのです。

しかし、年を重ねるにしたがって、夢中になれることを探すのが難しくなってきます。まず、好奇心がなくなってきて「夢中になる」という感覚がわかりにくくなる、という人もいるでしょう。また、夢中になるには、体力も気力も必要です。気分が高揚することで、心身が疲労するからです。

けれども一方で、矛盾するようですが、**「夢中になる」ことは、心身が一気に若返ることでもあるのです。**

七十代、八十代で元気溌剌《はつらつ》としているお年寄りのほとんどは、夢中になっているものがある、といっていいでしょう。それは絵を描くことだったり、水泳だったり、アイドルを見ることだったりと、さまざまです。

ある八十代の女性は、スマートフォンを持ったことがきっかけで、カメラに夢中になりました。それまでは膝や腰の痛みを理由に出かけることを嫌がり、臥《ふ》せっていることも多かったのですが、家の中の撮影に飽きると、外を撮影したくなり、どんどん出かけるようになったのです。

最近では、「映《ば》える写真」を撮るために、孫と一緒に遠出までするようになったそうです。

さらには、もっと歩けるようにと、積極的に運動をするようになったり、食事に気を使うようになったり、出先での出来事や、撮影した写真を見ては、楽しそうによく話をするようになったのです。それは同じ人とは思えないほど変化でした。

若返るというのは、この女性のように、**ただ楽しい、ただ面白いという気持ちだけで、動ける心身になる、ということのように思います。**

日常の時間をどう使うか、ということが年を重ねていくと大きな問題になってきます。「やることがない」ということが、悩みになっていくのです。

何もすることがない一日が増えていくことは、それだけで、生きている実感を乏しくさせてしまうのです。

「三昧」に生きる

「遊《ゆ》戯《げ》三昧《さんまい》」という言葉が禅にあります。「我を忘れて、そのものになりきる」ことを意味する言葉ですが、ここでいう「遊戯」とは、単純に遊びを意味しているのではありません。「遊戯」とは、目的や評価がいっさい存在しない世界を表わしているのです。

老いてからはじめる趣味のいいところは、そこに明確な目的や評価が入ってこないことだと思います。他人の評価を気にする必要もなく、ただ自分が楽しいことをすればいい、というわけです。

また、「遊戯三昧」の「三昧」という言葉は、何ものにもとらわれない心の持ち方を指しています。ですから、「カメラ三昧」といえば、すべてのことを忘れ、集中して撮影している状態、ということです。

すべてを忘れて集中できるものがあったなら、なんとも豊かな時間を過ごすことができるでしょう。「今から新しいことをはじめるなんて、無理」と思わず、とにかくやってみることです。

一度やってみて、自分にはできなかったり、向いていないと思ったなら、やめればいいだけのことです。

人生には、気が向くままにやってみることで発見できる喜びが、もっとあるのではないでしょうか。

命について考える

お盆やお彼岸、あるいは故人の命日にお墓参りをする人は、日本人の約八〇%にも上るそうです。日本人のほとんどの人は、一年に数回はお墓参りをしています。

お墓参りに行く時間は、とても神聖な時間です。

誰もが、お墓に眠っている両親や祖父母に話しかけたことがあると思いますが、それはきっと、お墓にいる両親や祖父母に話しているのではなく、お墓の前に座って、自分自身に向かって話しかけているのでしょう。

お墓の前というのは、どんな話でも、何の遠慮もなく話すことができる貴重な空間なのです。

心を鎮めて墓前にたたずめば、自分が抱えている不安や今後への迷い、大切な人の幸せを願う気持ちや、無事に今日まで過ごせた感謝などが次々と出てくるものです。

また、部屋の中のお仏壇の前に座ると、ご先祖さまへの思いが自然と湧き出てきます。この世の中に、ご先祖さまがいない人は、一人もいません。生んでくれた両親がいてくれたからこそ、この世に存在することができているのです。延々と受け継がれてきたご先祖の血。それは遡《さかのぼ》れば何百万人にもなるでしょう。

ご先祖さまに思いを馳せるとき、私たちは命の尊さに気づかされます。生きていることのありがたさに改めて気づかされるのです。

命の尊さを考える

仏教の世界では、命というのは、ご先祖さまからの預かりものだと考えられています。ですから、やがてはお返ししなければなりません。

もう少し広くいえば、お釈迦様のもとへ、お返しするのです。

そうであるからこそ、自分の命は大事にしなくてはいけない、と思いを巡らせることができるのです。

たとえば、人から借りた本は、おそらく誰もが大事に扱うでしょう。もしも自分の本であれば、少々乱暴に扱っても気にしないかもしれませんが、借りた本であれば、気を使うことと思います。

私たちの命、身体というのは、それと同じことです。

人間は、年を取るにつれて、命について考えるようになるものです。よくいわれるのは、自分の親を亡くしてから、自分の死について考えはじめるということ。一般的な年齢を鑑《かんが》みれば、おそらく五十代から六十代で、多くの人は親を亡くします。

つまり、この頃から私たちは自らの死を意識しはじめるのです。

お墓の前で自分の心をさらけ出したり、お仏壇に向かって手を合わせたりすること。それは単なる宗教心だけではないのかもしれません。

自分自身の人生の来し方を振り返ったり、またこれから歩んでいく道のりに思いを馳せたりする。そんな時間を持つことで、私たちは何かを見つけようとしているのでしょう。

老いていく自身の中に、自分なりの人生をまっとうしたいという思いがあるように思います。ご先祖さまの前でその答えを探しているような気がするのです。

あなたの言葉を遺す

この世を去りゆく者が、やっておかなくてはならないことがあります。その一つが遺言を遺しておくということでしょう。

遺言には、二種類あると私は考えています。

一つ目は、社会的な遺言です。

たとえば自分が亡くなったときには、どのお墓に入れてほしいのか、葬儀は家族だけで執り行ってほしいのか、自分が大切にしてきた物はどのように処分してもらいたいのか、そして財産をどのように分けてほしいのか……などを記すものです。

遺された者たちが迷わないように、しっかりと自分自身の意思を伝えるものを用意しておくことです。これは人生で最後の務めだと思います。

そしてもう一つは、「心の遺言」です。

自分がこれまで歩んできた人生を振り返り、自分なりに経験してきたことを記しておくことです。

特に立派なことを成し遂げたわけでもなく、平凡な人生を送ってきた……と思う人もいるかもしれません。それでも、あなたの人生経験が役に立つのか立たないのか、それを決めるのはあなたではなく、それを読むパートナーや子どもや孫、友人たちなのです。

得てして、自分のことは自分ではわからないものです。自分では大した経験ではないと思っているとしても、あなたが生きた年月の重みは、遺された人たちの心をきっと打つものでしょう。

さらにいえば、成功したり、うまくいった経験ばかりではなく、失敗したりつまずいたりした経験を遺してあげることが大事なのです。

遺された大切な人たちが、同じ失敗を犯さないように、また同じような苦境に立ったとき、どのように判断すればいいのか導いてあげるものが、心の遺言なのです。

長年連れ添ったパートナーに対して、日頃から感謝の言葉をいえる人は少ないと思います。そうであるならば、せめて「心の遺言」に、感謝の言葉を遺しておいてはいかがでしょうか。

肉親や家族以外にも、さまざまな時間を過ごした大切な仲間がいるでしょう。そういう大切な人たちに、かけがえのないあなたの言葉を遺していってはどうでしょう。

「あなたの笑顔でいつも本当に幸せになれました。その笑顔をこれからもたくさんの人に向けてね」

「いつも元気になる言葉をかけてくれて、ありがとう。あなたがいると、周りも元気になるので、太陽のようでした」

その友人が笑顔を失いそうになったり元気がなくなったりしたときなど、あなたからの言葉を思い出して、心を奮い立たせることもあるでしょう。

あなたの言葉は、遺された人の心に生きて、希望となるのです。

人の心に生き続ける

「相続」という言葉がありますが、これはもともと仏教の言葉です。

師がこれまで積んできた修行から会得してきたこと、自身が歩んできた道のりを弟子たちに伝えていくこと、言葉や心を受け継いでいくことを、相続と呼びました。

師からの言葉を道標にして、弟子たちは修行の道を歩いていきます。**物だけではなく、形のない心を伝えていく。それは、人が生きていくうえで、もっとも大事なことなのです。**

心を受け継ぐ人がいる限り、存在というのはその人の中に、ずっと生き続けているといえるのです。

丁寧な暮らしは、美しい人生へとつながる

「形直影端（かたちなおければかげただし）」という禅語を紹介します。この言葉を直訳すれば「姿や姿勢が美しければ、その人の影もまた端正なものになる」という意味です。

この「影」を「心」とすると、「姿や姿勢が美しければ、その人の心もまた端正なものになる」と受け取ることができます。

さらに、「形」を「日々の暮らし」とすると、「日々の暮らしが美しければ、その人の心もまた端正なものになる」と受け取ることができます。

日々を丁寧に過ごしましょう。

朝起きたら、窓を開けて部屋の空気を入れかえ、毎日掃除をする。水回りをきれいにし、玄関を整え、物が散らかっていたら所定の位置に戻す。

食事は一汁三菜を意識して、気に入った器に盛り付け、心を落ち着かせて、静かに

手を合わせていただく。

これくらいのことは、そんなに大変な作業ではないのではないでしょうか。

毎日のこのような小さな繰り返しをきちんとすることで、自然と姿勢が正され、心も整っていくように思います。

一つひとつのことを、慌てずにゆっくり、丁寧にすることです。

テレビを見ながら、食べながら、新聞を読みながら、話しながら……というように、実は人は「ながら」で行動していることが多いように思うのです。

テレビを見ながらの食事は、どれほど味わうことができるでしょう。話をしながらの掃除は、どれほど居心地のいい空間を作れるでしょう。

「ながら」をやめて、目の前のことだけを丁寧に行ってみてください。きっと生活そのものが愛おしく豊かになるはずです。

だらしなくても、部屋が汚くても、心がきれいならば、それでいいではないですか、という人もいることでしょう。しかし、私はこれまで、だらしのない格好をしていて、心が美しい人に出会ったことがありません。

すべての人の人生は幸せに通じている

「大道通長安（だいどうちょうあんにつうず）」という禅語があります。

漢から唐の時代の都であった長安は、当時人々の憧れの地でした。そして、長安に続く道は、数えきれないほどあったといいます。つまりは、どの道を行っても、最後は長安に辿りついたのです。


私たちの人生もまた、これと同じです。生まれてから旅立つまで、それぞれの人がさまざまな人生を送ります。いってみれば、人生とは常に一人で歩いています。

どんな人生を送るのか、それを決めるのは自分自身です。

自分が望まない人生を送った、という人もいるかもしれませんが、厳しいいい方をすると、それもすべて自分が選んだ人生だといえます。


それでも、すべての人に共通していることが、一つだけあります。

それは、「今こうして生きている」ということです。

もしかしたら病に冒されている人もいるかもしれません。悲しみの真っただ中の人もいるかもしれません。しかしそれでも、今私たちはこうして生きているのです。その幸せに、目を向けることが、何より大事なのではないでしょうか。

誰もが人生の幕を閉じるとき「ああ、なんていい人生だったのか」と思いたいと願っています。それは人間として、自然なことでしょう。

どんな道を歩いてこようが、どんな人生を送ってこようが、人間は必ず幸せに辿りつくことができます。

すべての道が長安に続くように、すべての人生は幸福へと続いているのです。そう信じて、今というこの瞬間に感謝をしながら、丁寧に生きていくことが大事なのです。

私はそのような人の人生こそが、美しい人生だと思うのです。

あとがき

つい最近、こんな話を知り合いから聞きました。

今の小学校の体育の授業では、跳び箱を飛べない子どもには、無理に跳ばせないようにしている、という話です。

運動能力がある子どもは簡単に跳ぶことができます。あるいは運動が少々苦手でも、身長の高い子どももは比較的、跳ぶことができるでしょう。しかし身長の低い子どもや、運動が苦手な子どもにとって、跳び箱はけっこうな関門だったように思います。

それでも昔は、みんながチャレンジしていました。一年かかっても二年かかっても、相変わらず跳ぶことのできない友人もいました。

すべての子どもが跳べるようになるわけではありませんが、それでも、すべての子どもたちは、そのチャレンジを通して必ず成長していたものです。

今は、そのチャレンジさえ、させないのだといいます。無理に跳んで、怪我でもしたら大変だ。身長の低い子どもにみんなと同じことをさせるのはかわいそうだ、という理由からだそうです。

やさしさや思いやりからそうなっているのでしょうが、時代は変わったものだと感じます。

この跳び箱のエピソードを聞いたとき、私はふと、人生と置きかえて考えてしまいました。

私たち人間は、この世に生を受けた限り、必ず死を迎えます。そして、死までに与えられた時間は人それぞれです。長生きする人もいれば、不幸にも若くして死を迎える人もいます。病で亡くなる人もいれば、不慮の事故で亡くなる人もいます。

仏教の世界では、人間には「定命《じょうみょう》」があると考えています。

定命とは、その人に定められた命のことで、生まれたときから、一人ひとりの命の長さは決められていると考えるのです。

また、大往生という言葉がありますが、十分に長生きして、眠るように旅立っていくことをいいます。

人は誰しも、大往生な人生を望んでいるでしょう。

しかし、残念ながら、大往生が叶う人は、少ないのも事実です。

多くの人たちは、目の前の死の恐怖に、救いを求めながら旅立っていくものです。

しかし、これだけは知っておいてほしいと思います。

死にいいも悪いもありません。いい死に方も悪い死に方もないということです。死はすべての人間にとって平等であるのです。

必ずやってくる死を前にして、いい人生だったと思える生き方とは、どのようなものなのでしょうか。


本書のテーマは「美しい老い方」です。これはすなわち「美しい生き方」と同義でもあるでしょう。

私が思う「美しい老い方」とは、自分の人生を生き切ることです。

それは、日々を一生懸命に、丁寧に生きることにほかなりません。

今日、自分がやるべきことは何か。今、自分がやることは何か。目の前をしっかりと見つめて、けっして先送りをしないことです。

「明日にでもやりましょう」とつい先送りする。しかし、その「明日」はやってくるかどうかもわかりません。

いつ定命が来ても後悔しないような生き方こそが、美しい生き方であり老い方なのだと私は考えています。

「思い残すことは何もない」「やり残したことなど一つもない」。そんな気持ちを持って旅立つ人などまずいないと思います。誰もがこの世で「やり残したこと」や「思い残すこと」を抱えながら旅立っていくものです。

ただ、昨日よりも今日のほうが、一つでもできたことがある。自分の夢や目標に一歩近づくことができた、という日々を過ごすことが「生き切る」ことにつながっていくのです。

小学一年生のときにはまったく跳ぶことのできなかった跳び箱も、六年間一生懸命に努力をすることで、跳べるようになるかもしれません。はじめからその努力をしないことは、すなわち自分自身で歩みを止めることと同じです。

目標に届かなくてもかまわないのではないでしょうか。

大事なことは、そこに向かって歩き続けることなのです。

人の老いは、生まれた瞬間からはじまっているものです。老いはマイナスのことでもなければ、悲しむことでもありません。

堂々とした自分で年を重ねていくことです。

老いていく自身には、必ず美しく輝く宝石があります。その人生の輝きは必ず日常の中にあるはずです。

合掌

枡野俊明　ますの しゅんみょう

1953年神奈川県生まれ。曹洞宗徳雄山建功寺住職、庭園デザイナー、多摩美術大学名誉教授。大学卒業後、大本山總持寺で修行。「禅の庭」の創作活動を行い、国内外から高い評価を得る。芸術選奨文部大臣新人賞を庭園デザイナーとして初受賞。ドイツ連邦共和国功労勲章功労十字小綬章を受章。2006年『ニューズウィーク』日本版「世界が尊敬する日本人100人」に選出される。おもな作品にカナダ大使館庭園、セルリアンタワー東急ホテル日本庭園など。おもな著書に『禅―シンプル発想術』『心がやすらぐ、お別れの心得』『人生でいちばん大切なこと』『流されて生きなさい』『シンプルな人は、いつも幸せ』『ひとりでも大丈夫』『心が整う365日の作法』（以上、廣済堂出版）などある。

装丁　ツカダデザイン
編集協力　網中裕之
編集担当　真野はるみ（廣済堂出版）

美しい老い方

2023 年 6 月 26 日　第 1 版第 1 刷

著　者　枡野俊明
発行者　伊藤岳人
発行所　株式会社 廣済堂出版
〒 101-0052 東京都千代田区神田小川町 2-3-13 M&Cビル 7 F
電話　03-6703-0964（編集）
03-6703-0962（販売）
Fax　03-6703-0963（販売）
振替　00180-0-164137
URL　https://www.kosaido-pub.co.jp/

印　刷
製　本　精文堂印刷株式会社

ISBN 978-4-331-52395-7 C0095